Laotse

Tao te king

LAOTSE

TAO TE KING

Das Buch vom Sinn und Leben

Aus dem Chinesischen von
Richard Wilhelm

NIKOL
VERLAG

Der vorliegende Text folgt der Übersetzung von Richard Wilhelm, die erstmals 1911 beim Eugen Diederichs Verlag in Jena erschienen ist.

MIX
Papier | Fördert gute Waldnutzung
FSC® C083411

10. Auflage 2026

Satz und Layout: Nikol Verlag, Hamburg
Umschlaggestaltung: Nele Schütz Design unter Verwendung eines Motivs von Bridgeman Images
Druck und Bindung: CPI Moravia Books s.r.o.
Printed in the Czech Republic

ISBN: 978-3-86820-055-3

info@nikol-verlag.de
www.nikol-verlag.de

Einleitung

Was wir von dem Verfasser der vorliegenden Aphorismensammlung historisch Beglaubigtes wissen, geht sehr eng zusammen. Es ist so wenig, daß die Kritik, die auf dem Gebiet der Sinologie noch in den Anfangsstadien der Schärfe ist, vielfach gar nichts mehr davon bemerkte und ihm samt seinem Werk im Gebiet der Mythenbildung den Platz anwies. Der Autor selbst würde seiner ganzen Art nach auch dagegen wenig einzuwenden haben. Auf Berühmtheit hat er nie Wert gelegt, und er hat es verstanden, sich vor den Augen der Welt gut zu verbergen, sowohl zu seinen Lebzeiten als auch nach seinem Tode. »Sein Streben war, sich selbst zu verbergen und ohne Namen zu bleiben« ist das Urteil des chinesischen Geschichtsschreibers Sï Ma Tsiën (163-85 v. Chr.) über ihn. Diesem Geschichtsschreiber verdanken wir die wesentlichen Daten über sein Leben, mit denen wir uns abzufinden haben. Der Name Laotse, unter dem er in Europa bekannt ist, ist gar kein Eigenname, sondern ein Appellativum und wird am besten übersetzt mit »der Alte«*. Er hatte den Geschlechtsnamen Li, der an Häufigkeit in China den deutschen Namen Maier noch übertrifft; sein Jugendname war Erl (Ohr), sein Gelehrtenname war Be Yang (Graf Sonne), nach dem Tode erhielt er den Namen Dan, bzw. Lao Dan (wörtlich: altes Langohr, sinngemäß übersetzt: alter Lehrer). Er stammt wohl aus der heutigen Provinz Honan, der südlichsten der sogenannten Nordprovinzen, und mag wohl ein halbes Jahrhundert älter gewesen sein als Kung, so daß seine Geburt auf das Ende des

* Der Versuch, »Lao tse« mit »die alten Philosophen« wiederzugeben und somit nur einen Sammelnamen für viele Weise aus dem Altertum darin zu sehen (H. Gipperich), ist sprachlich unmöglich. Lao heißt »senex«, nicht »vetus«. »Veteres« heißt auf chinesisch »Gu Jen«.

7. vorchristlichen Jahrhunderts fällt. Im Lauf der Zeit hatte er am kaiserlichen Hof, der damals in Loyang (in der heutigen Provinz Honan) war, ein Amt als Archivar bekleidet. Damals sei es gewesen, daß Kung bei seiner Reise an den Kaiserhof mit ihm zusammengetroffen sei. Über dieses Zusammentreffen der beiden Heroen ist in der chinesischen Literatur viel die Rede. Außer in dem erwähnten historischen Werk wird auch in dem Werk Li Gi, das der konfuzianischen Schule entstammt, ferner in den – allerdings ziemlich späten – »konfuzianischen Schulgesprächen« (Gia Yü), sowie in der taoistischen Literatur von verhältnismäßig früher Zeit an dieses Zusammentreffen direkt oder indirekt erwähnt. Jedenfalls war dieses Zusammentreffen in der Zeit der Han-Dynastie (zwei Jahrhunderte v. Chr.) schon so geläufig im Volksbewußtsein, daß wir in den berühmten Grabskulpturen in Westschantung (bei Gia Siang) eine bildliche Darstellung davon finden, wie Kung bei seinem Besuch dem Laotse als Ehrengabe einen Fasan überreicht. Über die Gespräche, die bei dieser Gelegenheit geführt wurden, finden sich mannigfaltige Berichte. Sie stimmen alle darin überein, daß Laotse über die Heroen der Vorzeit, die geehrten Vorbilder Kungs, ziemlich absprechend urteilt und ihn von der Hoffnungslosigkeit seiner Kulturbestrebungen zu überzeugen sucht, während Kung seinen Jüngern gegenüber sich voll Hochachtung über den unfaßbar tiefen Weisen äußert, indem er ihn mit dem Drachen vergleicht, der sich zu den Wolken erhebt. Im ganzen läßt sich der Stoff der aufgeführten Unterredung aus den Äußerungen des Taoteking, sowie aus den Erzählungen von dem Zusammentreffen Kungs mit den »verborgenen Weisen« in »Gespräche« Buch 18 ungefähr zusammenstellen. Es ist klar, daß sich über den Wortlaut dieser Unterredung nichts Zuverlässiges mehr feststellen läßt. Ob man die ganze Unterredung, wie Chavannes in seiner Übersetzung Sï Ma Tsiëns (Les mémoires historiques de Se-Ma Tsien, Tome V, Paris 1905, pag. 300 f.) geneigt ist, ins Reich der Fabel zu verweisen hat, ist schwer zu entscheiden. Zu denken gibt ja, daß sich in den »Gesprächen«, wo mehrere

andere derartige Begegnungen erwähnt werden, nichts darüber findet*.

Als die öffentlichen Zustände sich so verschlimmerten, daß keine Aussicht auf Herstellung der Ordnung mehr vorhanden war, soll Laotse sich zurückgezogen haben. Als er an den Grenzpaß Han Gu gekommen sei, nach späterer Tradition auf einem schwarzen Ochsen reitend, habe ihn der Grenzbeamte Yin Hi gebeten, ihm etwas Schriftliches zu hinterlassen. Darauf habe er den Taoteking, bestehend aus mehr als 5000 chinesischen Zeichen, niedergeschrieben und ihm übergeben. Dann sei er nach Westen gegangen, kein Mensch weiß wohin. Daß auch an diese Erzählung sich die Sage geknüpft hat, die Laotse nach Indien führte und dort mit Buddha in Berührung kommen ließ, ist verständlich. Bei den späteren Auseinandersetzungen zwischen den beiden Religionen behaupteten beide, daß der Religionsstifter der andern bei dem der eigenen Religion gelernt habe. In Wirklichkeit ist der Han Gu-Paß nur im Westen des damaligen Staates Dschou, aber noch mitten in China. Irgendeine persönliche Berührung zwischen Laotse und Buddha ist vollkommen ausgeschlossen. Man hat da spätere Zustände in das historische Bild zurückgetragen.

Aber dabei blieb es nicht. Gerade weil das Leben des »Alten« der Forschung so wenig Anhalt bot, konnte die Sage um so freier damit schalten. Die Persönlichkeit des verborgenen »Alten« wuchs immer mehr ins Riesengroße und zerfloß schließlich zu einer kosmischen Gestalt, die zu den verschiedensten Zeiten auf Erden erschienen sei. Die albernen Spielereien mit der Bezeichnung Laotse (die auch mit »altes Kind« übersetzt werden kann) brauchen in unserem Zusammenhang nicht erwähnt zu werden. –

---

* Oder ist »Gespräche« XVIII eine etwas bösartige Polemik gegen die von taoistischer Seite verbreitete Begegnungsgeschichte? (Laotse soll aus Tschu stammen). Dann wäre die Stelle ein indirekter Beleg. Jedenfalls wäre der Sachverhalt dann aber später vergessen worden; denn die Kommentare verstehen unter dem »Narren von Tschu« nicht Laotse.

Aus dieser Spärlichkeit und Unsicherheit der Nachrichten ergibt sich klar, daß wir über das Werk des Laotse wenig Aufschluß gewinnen können aus seiner Lebensgeschichte. Wie alles Geschichtliche, so löst sich auch das Lebensgeschichtliche für den Mystiker auf in wesenlosen Schein. Und doch spricht uns aus den vor uns liegenden Aphorismen eine originale und unnachahmliche Persönlichkeit an, unseres Erachtens der beste Beweis für ihre Geschichtlichkeit. Aber man muß das Gefühl für solche Dinge haben, streiten läßt sich darüber nicht. Schließlich kommt der Frage kein entscheidendes Gewicht zu. Der Taoteking ist jedenfalls vorhanden, einerlei wer ihn geschrieben hat.

Weit mehr als von dem persönlichen Lebensgang des Verfassers ist von seinem Werk in der chinesischen Literatur die Rede. Zum mindesten ein Ausspruch daraus wird in den Gesprächen des Kung erwähnt und kritisiert (Buch XIV, 36). Nun ist ja nicht ausgeschlossen, daß dieser Ausspruch aus weiter zurückliegenden Quellen stammt, die auch unabhängig von Laotse zugänglich waren. Aber wir sind auf diese Bezeugung nicht allein angewiesen. In erster Linie wird man in der taoistischen Literatur nach Zitaten suchen müssen. Und in der Tat fehlt es hier auch nicht daran. Es läßt sich konstatieren, daß von den 81 Abschnitten des Taoteking in den bedeutendsten taoistischen Schriftstellern der vorchristlichen Zeit weitaus der größte Teil sich zitiert findet. So schon in Lië Dsï (herausgegeben im 4. Jahrhundert v. Chr.) 16 Abschnitte. Dschuang Dschou (bekannt als Tschuangtse), der glänzendste Schriftsteller des Taoismus, der im 4. Jahrhundert lebte, hat seine ganzen Ausführungen durchgängig auf die Lehren des Taoteking basiert, so sehr, daß er sich ohne sie nicht denken läßt. Han Fe Dsï, der 230 v. Chr. unter Tsin Schï Huang Di starb, hat in Buch 6 und 7 eine teilweise sehr ausführliche Erklärung von zusammen 22 Abschnitten. Huai Nan Dsï endlich, ein Zeitgenosse Sï Ma Tsiëns (gest. 120) Buch 12 erläutert der Reihe nach, meist durch historische Beispiele, 41 verschiedene Abschnitte. Im ganzen bekommen wir mindestens dreiviertel der Abschnitte auf diese Weise bezeugt. Das sind ganz günstige Verhältnisse für ein Werkchen von der Kürze des Taoteking. Es spricht aber auch dafür, daß der Taoteking keine buddhistische Fälschung aus später Zeit ist, es sei denn, daß man ihn auch der großen Fabrik Sï Ma Tsiën & Co. entstammen läßt, die entdeckt zu haben Mr. Allen die Ehre hat.

In der Han-Dynastie wenden sich mehrere Kaiser dem Studium des Taoteking zu, so besonders Han Wen Di (197-157 v. Chr.), dessen friedliche und einfache Regierungsart als direkte Frucht der Lehren des alten Weisen bezeichnet wird. Sein Sohn Han Ging Di (156-140) legt endlich dem Buch die Bezeichnung Taoteking (Dao De Ging, d.h. »das klassische Buch vom Sinn und Leben«) bei, die es seither in China behalten hat.

Han Wen Di soll das Buch von Ho Schang Gung (dem »Herrn am Fluß«) erhalten haben, der auch einen Kommentar dazu geschrieben habe. Über die Person dieses Mannes, dessen Namen niemand weiß, ist man sich keineswegs im klaren. Auch chinesische Autoren (allerdings aus späterer Zeit) haben seine Existenz bezweifelt. Doch beginnen von jener Zeit an die Kommentare häufiger zu werden. Im Katalog der Han-Dynastie sind allein drei aufgeführt. Der älteste der zuverlässigen Kommentare, die jetzt noch vorhanden sind, ist der von Wang Bi, dem wunderbar begabten Jüngling, der im Jahr 249 n. Chr. im Alter von 24 Jahren starb. Von da ab häufen sich die Kommentare aller Schattierungen. Selbst der Begründer der gegenwärtigen Dynastie hat unter seinem Namen einen sehr berühmten Kommentar herausgeben lassen. Es würde zu weit führen, hier das Detail aufzählen zu wollen. Daß ein Werk wie der Taoteking in den Stürmen der alten Zeit auch manches zu leiden hatte, so daß der Text keineswegs in glänzendem Zustand ist, braucht nicht erst bewiesen zu werden. Die Erklärungen zu den einzelnen Abschnitten werden sich genauer damit zu beschäftigen haben. Die Einteilung in Abschnitte ist nicht ursprünglich, nur die zwei Hauptteile vom »SINN« (Dao) und vom »LEBEN« (De), nach den Anfangsworten der betreffenden Teile, scheinen ganz alt zu sein. Sie wurden dann in der Bezeichnung »Dao De Ging« zusammengefaßt. Die von uns beibehaltene Einteilung in 37 und 44 Abschnitte und die – nicht immer sehr zutreffenden – Überschriften gehen angeblich auf Ho Schang Gung zurück.

Die ältesten Holzschnittdrucke finden sich in der Zeit der Sung-Dynastie.

Das Licht des chinesischen Altertums konzentriert sich in den beiden Brennpunkten Kungtse und Laotse. Um ihre Wirksamkeit würdigen zu können, muß man sich die historischen Verhältnisse vergegenwärtigen, unter denen sie gelebt haben. Das ist ohne weiteres klar für Kungtse. Er lebt in der Wirklichkeit. Darum ist er mitten drin in historischen Beziehungen. Die »Gespräche« z.B. sind voll von Erwähnungen und Beurteilungen historischer Persönlichkeiten der Gegenwart und der Geschichte. Würde man diese Beziehungen alle streichen, so bliebe er unverständlich. Eben darum steht er dem europäischen Geistesleben, das andere historische Zusammenhänge hat, bis auf den heutigen Tag so fremd gegenüber, und andererseits ist das der Grund, daß er das chinesische Geistesleben Jahrtausende hindurch so ungemein stark beeinflußt hat. Was Laotse anlangt, so scheinen die Verhältnisse ganz anders zu liegen. Kein einziger historischer Name ist in seinem ganzen Büchlein genannt. Er will gar nicht in der Zeitlichkeit wirken. Darum verschwimmt er für das historisch gerichtete China in nebelhafte Fernen, da ihm niemand zu folgen vermag. Und eben das ist der Grund, warum er in Europa so große Wirkungen ausübt trotz des räumlichen und zeitlichen Abstands, der ihn von uns trennt.

Sehr gut schildert der japanische Kommentar des Dazai Schuntai die Grundsätze der beiden. Erst gibt er einen kurzen Überblick über die Zeitverhältnisse und fährt dann fort, Kungtse habe das Volk angesehen wie Kinder, die aus Unvorsichtigkeit dem Feuer oder Wasser zu nahe gekommen und die man unter allen Umständen retten müsse. Er habe wohl erkannt, wie schwer die Rettung sei, aber die Verpflichtung zu retten sei darum doch nicht von ihm gewichen. So habe er jedes erdenkliche Mittel versucht, um die Lehren der alten Heiligen auf dem Thron, in denen er das Heilmittel sah, zur Anwendung zu bringen. Darum sei er die beste Zeit seines Lebens rastlos umhergewandert, um einen Fürsten zu finden, der geneigt gewesen wäre, diese Lehren anzuwenden. Nicht leere Geschäftigkeit oder eitle Ruhmsucht habe ihn zu diesen verzweifelten Anstrengungen gebracht, sondern die unerbittliche Pflicht zu helfen, weil er sich im Besitz der Mittel zur Hilfe wußte. Und als schließlich alles vergeblich war, weil die Verhältnisse so sehr aus den Fugen waren und ihm die Umstände auf keine Weise zu Hilfe kamen, da habe er resigniert. Aber auch dann noch habe er seine Verpflichtung nicht vergessen und habe im Kreise seiner Jünger und durch seine literarische Tätigkeit eine Überlieferung geschaffen, durch die wenigstens der Grundriß der alten guten Gesellschaftsordnung der Nachwelt aufbewahrt würde und seine Lehren als Samenkorn auf die Zukunft kämen, daß, wenn die Verhältnisse sich je wieder günstig gestalteten, ein Anhaltspunkt vorhanden wäre, um die Welt wieder in Ordnung zu bringen. Laotse dagegen habe erkannt, daß die Krankheit, an der das Reich litt, keine solche war, der man mit irgendwelchen Medizinen – und wären es die besten – beikommen könne. Denn der Volkskörper war in einem Zustand nicht zum Leben und nicht zum Sterben. Wohl hätten in früheren Zeiten auch böse Zustände geherrscht, aber damals sei das Böse sozusagen verkörpert gewesen in irgendeinem Tyrannen, während der Grimm des Volkes in starker Reaktion sich um einen edlen Neuerer geschart und so mit energischer Tat an Stelle des Alten eine bessere neue Ordnung gesetzt habe. Anders zur Zeit der endenden Dschou-Dynastie. Weder starke Laster noch starke Tugenden seien vorhanden gewesen. Das Volk seufzte zwar unter dem Druck seiner Oberen, aber es hatte nicht mehr die Kraft zu einer energischen Willenstat. Die Fehler waren keine Fehler und die Verdienste waren keine Verdienste. Und tiefgreifende innere Unwahrhaftigkeit hatte alle Verhältnisse durchfressen, so daß nach außen hin Menschenliebe, Gerechtigkeit und Moral noch immer verkündigt wurden als hohe Ideale, während im Innern Gier und Habsucht alles vergifteten. Bei solchen Zuständen mußte jedes Ordnen die Unordnung nur mehren. Solch einer Krankheit ist nicht mit äußeren Mitteln zu helfen. Besser, man läßt den angegriffenen Körper erst einmal zur Ruhe kommen, damit er durch die Genesungskräfte der Natur sich erst wieder einmal erhole. Das sei der Sinn des Vermächtnisses gewesen, das er bei seinem Scheiden aus der Welt in den 5000 Worten des Taoteking hinterlassen habe.

Diese im Auszug wiedergegebenen Ausführungen erklären zur Genüge die Geschichtsmüdigkeit Laotses, und warum er kein einziges historisches Beispiel in seinem Werkchen erwähnt. Wenn auch in anderem Rhythmus und mit anderer Betonung, hat um die Mitte des 18. Jahrhunderts Rousseau in seinem »Zurück zur Natur« dieselbe Wahrheit verkündet.

Dennoch würde es verkehrt sein, Laotse aus dem Zusammenhang des chinesischen Geisteslebens herauszuschälen; denn er ist mit tausend Fäden damit verknüpft. Wohl fällt das Geschichtliche als solches nicht in seinen Gesichtskreis. Aber er hat das chinesische Altertum dennoch gekannt, wozu ihm ja schon seine Stellung am Reichsarchiv Gelegenheit bot. Und er hat seine Lehren verkündigt in Anknüpfung an und unter unbedenklicher Verwertung von alten Weisheitssprüchen. Sein Buch ist voll von Zitaten, sowohl ausdrücklichen als auch – und das vielleicht noch mehr – stillschweigenden. Schon der eine Umstand, daß Abschnitt 6 des Taoteking von Lië Dsï dem gelben Kaiser, einem mythischen Herrscher der grauen Vorzeit, zugeschrieben wird, zeigt, daß offenbar manches im Taoteking steht, was auch anderwärts überliefert war. In derselben Richtung liegt es, wenn Tu Tao Giën (nach St. Julien) alle die Stellen, die mit »also auch der Berufene« beginnen, einem ebenfalls auf den Kaiser zurückgeführten Buch (San) Fen (Wu) Diën entstammen läßt. Im einzelnen wird es schwer oder unmöglich sein, allen solchen Zitaten auf die Spur zu kommen. Es ist für die Sache auch vollständig gleichgültig, da ein so starker einheitlicher Geist durch das ganze Werk geht, daß alles, was darin steht, tatsächlich zum Eigentum des Verfassers geworden ist, mag es stammen woher es will. Uns genügt hier die Tatsache, daß Laotse ebensogut die Fortsetzung einer alten chinesischen Geistesrichtung bedeutet wie Kungtse. Ja es geht das sogar aus den Schriften der Konfuzianischen Schule selbst hervor. Die Begriffe des Tao (dao), von uns übersetzt mit »SINN«, und des Te (de), von uns übersetzt mit »LEBEN«, finden sich ebenfalls in den Konfuzianischen Schriften in kardinaler Stellung. Sie erscheinen dort nur in andrer Beleuchtung, ja man ist vielfach in der Lage, eine direkte gegenseitige Kritik, die die beiden Richtungen aneinander üben, zu beobachten. So ist gleich der Anfang des Taoteking eine Kritik des einseitig historisch als »Weg der alten Könige« gefaßten Begriffs des Tao, wie er bei denen um Kungtse gang und gäbe war. Die Stelle in den Gesprächen des Kungtse, die sich mit der Auffassung des Te (de), wie sie Laotse vertritt, beschäftigt, wurde oben schon erwähnt. In andern Dingen wieder herrscht zwischen beiden Richtungen vollkommenes Einverständnis, so z.B. in der hohen Wertung des »Nichthandelns« als Regierungsprinzip. Ein unversöhnlicher Gegensatz besteht in der Wertung des Li (Moral, Anstandsregeln), das für Kungtse im Zentrum steht, während Laotse darin nur eine Entartungserscheinung sieht. Das hängt einerseits mit dem skeptischen Standpunkt, den Laotse der ganzen Kultur gegenüber einnimmt, zusammen. Andererseits scheint er gerade auch darin auf ältere Wertungen zurückzugehen als Kung, der sich in all diesen Stücken bewußt mit den Gründern der Dschou-Dynastie identifiziert. In dieser Hinsicht haben die späteren Taoisten ein richtiges Gefühl für den Tatbestand gehabt, wenn sie ihre Heiligen zum großen Teil der Zeit vor der Dschou-Dynastie entnehmen (vgl. Feng Schen Yen Yi). Das alles gibt uns einen Fingerzeig dafür, daß Laotse mindestens ebenso mit dem chinesischen Altertum geistige Fühlung hat als Kungtse, der den überlieferten Stoff sehr stark nach seinen

Anschauungen umredigiert zu haben scheint. Gerade daß in diesem redigierten Stoff, sowohl im »Buch der Urkunden« (Schu Ging) als besonders im »Buch der Wandlungen« (I Ging) noch so viel »Taoistisches« steht, ist der beste Beweis für unsere Auffassung.

Daß Laotse trotzdem sich in dem Strom des damaligen Lebens, da die Leute alle so stolz darauf waren, daß sie es so herrlich weit gebracht (vgl. Abschnitt 20), zeitweise vereinsamt fühlte, dieses Los teilte er mit andern selbständigen Denkern aus allen Zeiten, und es scheint ihm ja auch nicht besonders schwergefallen zu sein, sich mit diesem Schicksal abzufinden.

Laotse hat nicht wie Kung eine Schule gegründet. Dazu hatte er weder Lust noch Bedürfnis. Denn ihm lag nicht daran, eine Lehre zu verbreiten. Er hat für sich einen Blick getan in die großen Weltzusammenhänge und hat, was er geschaut, mühsam in Worte gebracht, es gleichgesinnten Geistern der späteren Zeit überlassend, selbständig seinen Andeutungen nachzugehen und im Weltzusammenhang selbst die Wahrheiten zu schauen, die er entdeckt. Das hat er auch erreicht. Es hat zu allen Zeiten einzelne Denker gegeben, die unter den vergänglichen Erscheinungen des menschlichen Lebens den Blick erhoben zu dem ewigen Sinn des Weltgeschehens, dessen Größe alles Denken übersteigt, und die darin Ruhe gefunden haben und Leichtigkeit, die es ihnen ermöglichte, den sogenannten Ernst des Lebens nicht mehr so gar ernstzunehmen, weil ihm kein wesentlicher Wert an und für sich innewohnt. Aber auch sie bleiben Einzelne. Es liegt in der ganzen Art dieser Lebensdeutung, daß sie sich nicht in Massen pflegen läßt. Sie haben auch nicht alle die »reine Lehre«. Jeder einzelne von ihnen, von Lië Yü Kou (Lietse) und Dschuang Dschou (Tschuangtse) an, den schon erwähnten, über den »Epikuräer« Yang Dschu und den »Philanthropen« Mo Di (Metse), die beiden Sündenböcke des orthodox-konfuzianischen Mong Ko (Mencius), zu dem Soziologen Han Fe (Hanfetse), dem Zeitgenossen Tsin Schï Huang Dis, und dem »Romantiker auf dem Thron« von Huai

Nan, Liu An (gewöhnlich Huainantse genannt), hat jeder seine eigene Art und macht daraus, was er eben kann.

Aber auch in späterer Zeit ist gar mancher, der als treuer Schüler Kungs im Lebenskampfe stand, durch die Schläge des Lebens zur Selbstbesinnung gebracht worden und hat alle weltliche Pracht und Mühsal dahingegeben für einen stillen Winkel im Gebirg oder an der See und hat in den Zeilen des Taoteking eine Deutung gesucht für seine Erfahrungen. Ein Beispiel für unzählige andere mag genügen. In der Nähe von Tsingtau liegt ein Gebirge namens Lao Schan, das in der chinesischen Literatur weithin gerühmt wird als Insel der Seligen. Romantische Felsenklüfte umschließen verborgene Klöster, die aus ihrem Versteck von Bambushainen und inmitten einer teilweise fast subtropischen Flora den Blick aufs weite blaue Meer eröffnen. In dieser Bergeinsamkeit hat schon mancher hohe Beamte, der gescheitert ist im Getriebe der Parteien am Kaiserhof, seinen Frieden gefunden in Betrachtung einer reinen Natur und in der Beschäftigung mit den Sprüchen des Taoteking. Es ist eine Beschreibung der berühmten Stätten des Lao Schan vorhanden, nur abschriftlich verbreitet in jenen Klöstern, von der ich mir ein Exemplar verschafft. Sie stammt aus den wilden Zeiten, als die zerfallende Ming-Dynastie von dem gegenwärtigen Herrscherhaus verdrängt wurde. Ein kaiserlicher Zensor hat die unfreiwillige Muße seines Alters dazu verwendet, diese Aufzeichnungen zu machen. Fast jede Zeile zeigt den Einfluß der Worte des »Alten«. Gleich die Einleitung beginnt mit einer Ausführung, die seinen Geist verrät: »Wahren Wert erhält ein Wesen dadurch, daß es infolge seiner Berührung mit den Tiefen des Weltgrundes in eignem Licht zu leuchten vermag. Allein: große Kunst kennt keine Verzierung, großes LEBEN scheint nicht, ein großes Juwel hat rauhe Schale. Wie läßt sich das vereinigen? Eben durch die Erkenntnis, daß echtes Licht nicht erst der Anerkennung durch die Menschen bedarf, ja sich seines Glanzes fast schämt. Die Bedeutung der guten Gaben von Himmel und Erde beruht nicht darauf, daß sie für menschliche Zwecke brauchbar gemacht werden können. Ja man kann sagen, was nicht so viel innere Größe besitzt, daß von außen her gar nichts mehr hinzugefügt werden kann, das verdient überhaupt nicht groß genannt zu werden.« Aber die Wirkungen, die von Laotse ausgehen, beschränken sich nicht auf China. Der schon erwähnte Japaner sagt von sich: »Obwohl zweitausend Jahre später geboren, war ich doch mein ganzes Leben lang bemüht, in treuem Festhalten an den Lehren Kungtses an ihrer Verwirklichung mitzuarbeiten. Aber man mag auch von mir sagen, daß ich meine Kraft überschätzt. Nun bin ich nahe an siebzig, und schnell nahen sich meine Tage ihrem Ende. Mein Wille ist noch ungebrochen, aber meine körperlichen Kräfte werden mählich müde. Da sitze ich und sehe den Veränderungen aller Zustände zu, wie alles dem Niedergang entgegengeht. Und ob ein Berufener unter uns aufstünde, auch er könnte nicht mehr helfen. Das sind dieselben herbstlichen Zustände wie damals, als Lao Dan seine 5000 Zeichen niederschrieb. In dieser letzten Zeit ist weit besser als der ›SINN der alten Könige‹ das ›Nichthandeln‹ des ›Alten‹.«

In einem der genannten Klöster des Lao Schan, der »Höhle der weißen Wolke« (Be Yün Dung), ist vor Jahren in spiritistischen Sitzungen vermittels der in China weit verbreiteten Methode der Psychographie ein zweibändiges Buch entstanden, in dem der Reihe nach die Heiligen und Weisen des chinesischen Altertums ihre Lehren aus dem Grabe verkündigen. Das Buch ist, wie alle derartigen Erzeugnisse zu sein pflegen. Es enthält manches Geheimnisvolle, manches Dunkle, manche Stelle von poetischem Reiz, aber nichts, das ihm irgendwie einen über das psychologische Interesse hinausgehenden Wert verleihen könnte. Die Worte, die jene verstorbenen Heroen aller Richtungen den Jüngern verkünden, sehen sich in ihren Grundgedanken fabelhaft ähnlich und stimmen alle überein mit den persönlichen Ansichten des Leiters der spiritistischen Sitzungen. Eine Stelle in dem Buch wirkt besonders belustigend: Als nämlich Laotse seine Lehren verkündigt (in denen er sich im Verlauf der Jahrtausende, seit er den Taoteking geschrieben, ziemlich konsequent gleich geblieben zu sein scheint), unterbricht er sich plötzlich und erklärt, er werde eben nach London (Lun) in England (Ying) berufen, wo man seiner bedürfe, er werde zu gelegener Zeit in seinem Unterricht fortfahren. Hat der alte Priester in seinem weltabgeschiedenen Bergkloster, das damals noch keines Europäers Fuß betreten hatte, wohl eine Ahnung davon gehabt, daß Laotse in Europa – Mode zu werden beginnt? Wie dem auch sei, jedenfalls ist es Tatsache, daß die Fäden, die von Laotse ausgehen, heutzutage sich auch in Europa immer mehr anzuknüpfen beginnen. Das schlagendste Beispiel dafür ist Leo Tolstoi, der in seiner Lehre vom »Nichts-Tun« eingestandenermaßen sich in Beziehung zu Laotse wußte, den er sehr hoch einschätzte. Aber auch die Schar der Übersetzungen des Taoteking, die gegenwärtig verbreitet werden, beweisen den Zug der Zeit zu dem verborgenen Alten.

Man wird im Bisherigen vermissen, daß von den Beziehungen Laotses zum Taoismus, den nächstliegenden, wie man denken sollte, nicht die Rede war. Das geschah mit Absicht; denn Laotse ist nicht der Begründer der heutigen taoistischen Religion. Der Umstand, daß er von den Vertretern dieser Religion als Gott verehrt wird, kann uns darin nicht irremachen. Es hat natürlich von alters her auch in China nicht an Leuten gefehlt, die ihre Ansichten in den Taoteking hineinzuerklären wußten, sei es, daß sie seine Lehren mit den konfuzianischen zu vereinigen suchten, sei es, daß sie die Pflege buddhistischer Kontemplation bei ihm fanden, sei es, daß sie ihn zu Hilfe nahmen bei Herstellung des Lebenselixiers oder des Steins der Weisen, der Blei in Gold verwandelt, sei es, daß er benützt wurde für militärische oder strafrechtliche Lehren, sei es, daß er verknüpft wurde mit dem animistischen Polytheismus oder mit gewissen vegetarischen und antialkoholischen Riten, oder daß man aus dem Taoteking Zaubersprüche zum Segnen und Fluchen zusammenstellte, ja bis in die Kreise der politischen Geheimsekten hinein, die mit ihrem Geisterzauber zu verschiedenen Zeiten den Umsturz des Bestehenden planten:

überall mußte der alte Weise mit seinem Namen herhalten. Aber alle diese Richtungen sind, wie ein chinesischer Gelehrter sehr richtig bemerkt, nur Räuber an Laotse.

Die übliche Dreiteilung der chinesischen Religion in Konfuzianismus, Taoismus, Buddhismus ist anerkanntermaßen unzureichend und der Wirklichkeit nicht entsprechend. Will man ein Bild der wirklichen religiösen Zustände bekommen, so müßte man zunächst den Buddhismus, der in seiner wirklichen Gestalt sich in China fast gar nicht findet, ausschalten und mit dem Islam und dem Christentum zu den fremden Religionen stellen, wenn er auch immerhin diejenige unter den fremden Religionen ist, die am meisten Einfluß auf das chinesische religiöse Leben ausgeübt hat. Der Konfuzianismus ist ebenfalls keine Religion, sondern eine Staatslehre, die die vorhandenen religiösen Elemente mit verwandt hat als Baumaterial für sein Gesellschaftssystem, ohne jedoch im übrigen sie zu verarbeiten. Nur sichtend war seine Tätigkeit. Daß der Taoismus Laotses vollends keine kirchenbildende Kraft besitzt, dürfte nach dem Bisherigen selbstverständlich sein. Das, was man heutzutage Taoismus zu nennen gewohnt ist, geht in Wirklichkeit auf ganz andere Quellen zurück als den Taoteking des Laotse. Es ist nichts weiter als die in ein gewisses System gebrachte und mit indischen Lehren verwobene animistische Volksreligion des alten China. Es ist höchst wahrscheinlich und geht auch aus manchen Stellen der Gespräche des Kung hervor, daß diese animistische Volksreligion, die überdies wohl ursprünglich lokal verschieden war und erst infolge der politischen Vereinigung der betreffenden Volksstämme mit der Zeit sich zu einem Konglomerat zusammenballte, lange vor Laotse und Kungtse schon bestanden hatte. Sie hat sich in den Tiefen des Volkes auch forterhalten bis auf den heutigen Tag. Dieser Animismus ist ein Gebilde, wie es sich allenthalben auf der Welt in den Tiefen findet. In unserem christlichen Europa ebenso wie im Griechentum oder in Israel. Der Unterschied ist nur der, daß im Judentum und Christentum dieser populäre Animismus als Aberglaube gebrandmarkt ist, während er z.B. in China ein verhältnismäßig unangetastetes Dasein führt, als etwas, das zur Bändigung der großen Masse gerade gut genug ist, während der Gebildete sich das Vorrecht vorbehält es damit so zu halten, wie es ihm entsprechend der erreichten Bildungshöhe – oder seiner augenblicklichen Stimmung gut dünkt. Dieser »Taoismus« ist daher auch nichts, das mit dem Konfuzianismus als solchem irgendwie in Konflikt treten müßte. Wo solche Konflikte hervortraten, waren immer Momente politischer Art das Ausschlaggebende. Wollte man nach Heroen dieser Art des Taoismus, dessen Hauptstärke im Geisterbannen und in allerlei Zauberkünsten besteht, suchen, so müßte man einen We Be Yang aus der Zeit der Han-Dynastie, der das Lebenselixier »erfunden« hat, oder einen Dschang Dao Ling (geb. 34 n. Chr.) und Kou Kiën Dschï (423 n. Chr.) nennen, durch die die Würde des taoistischen Papsttums unter dem Titel Tien Schï (Himmelslehrer) aufkam, das noch heute in der Familie Dschang ähnlich wie das Dalailamatum durch Metempsychose sich forterbt. Mit Laotse hat das alles nichts zu tun, wie ihn denn auch ein gütiges Geschick davor bewahrt hat, Taoistenpapst zu werden.

Die ganze Metaphysik des Taoteking ist aufgebaut auf einer grundlegenden Intuition, die der streng begrifflichen Fixierung unzugänglich ist, und die Laotse, um einen Namen zu haben, »notdürftig« mit dem Worte TAO (sprich: dao) bezeichnet (vgl. No. 25). In Beziehung auf die richtige Übersetzung dieses Wortes herrschte von Anfang an viele Meinungsverschiedenheit. »Gott«, »Weg«, »Vernunft«, »Wort«, »λόγος« sind nur ein paar der vorgeschlagenen Übersetzungen, während ein Teil der Übersetzer einfach das »Tao« unübertragen in die europäischen Sprachen herübernimmt. Im Grunde genommen kommt auf den Ausdruck wenig an, da er ja auch für Laotse selbst nur sozusagen ein algebraisches Zeichen für etwas Unaussprechliches ist. Es sind im wesentlichen ästhetische Gründe, die es wünschenswert erscheinen lassen, in einer deutschen Übersetzung ein deutsches Wort zu haben. Es wurde von uns durchgängig das Wort SINN gewählt. Dies geschah im Anschluß an die Stelle im Faust I, wo Faust vom Osterspaziergang zurückkehrt, sich an die Übersetzung des Neuen Testaments macht und die Anfangsworte des Johannesevangeliums u.a. mit: »Im Anfang war der Sinn« wiederzugeben versucht*. Es scheint das die Übersetzung zu sein, die dem chinesischen »dao« in seinen verschiedenen Bedeutungen am meisten gerecht wird. Das chinesische Wort geht von der Bedeutung »Weg« aus, von da aus erweitert sich die Bedeutung zu »Richtung«, »Zustand«, dann »Vernunft«, »Wahrheit«.

Verbal gebraucht heißt das Wort »reden«, »sagen«, in übertragener Bedeutung »leiten«. (Von der Nebenbedeutung »Umkreis«, »Bezirk« können wir hier absehen). Das deutsche Wort »Sinn« hat ebenfalls die ursprüngliche Bedeutung »Weg«, »Richtung«, ferner 1. »das auf etwas gerichtete Innere eines Menschen«, 2. »das Innere des Menschen als Sitz des Bewußtseins, der Wahrnehmung, des Denkens, Überlegens«; vgl. »der innere Sinn«, 3. »leibliches Empfindungsleben«, vorzugsweise im Plural gebraucht, 4. »Meinung, Vorstellung, Bedeutung von Worten, Bildern, Handlungen« (vgl. M. Heyne, Deutsches Wörterbuch, Leipzig 1906). Von all diesen Bedeutungen fällt nur die unter 3. verzeichnete als unbrauchbar weg, so daß die Übereinstimmung der Bedeutungen eine sehr weitgehende ist. Um übrigens den algebraischen Charakter des Wortes deutlich zu machen, ist es von uns durchgängig mit großen Buchstaben geschrieben worden.

Um hier gleich die Übersetzung des andern immer wiederkehrenden Wortes TE (sprich: de) zu rechtfertigen, so sei bemerkt, daß die chinesische Definition desselben lautet: »Was die Wesen erhalten, um zu entstehen, heißt de«. Wir haben das Wort daher (in Anlehnung zugleich an Joh. 1, 4: »In ihm war

---

* In den chinesischen Bibelübersetzungen ist λόγος fast durchweg mit dao wiedergegeben.

das Leben, und das Leben war das Licht der Menschen«) mit LEBEN übersetzt. Möglich wäre aber auch die Übersetzung mit »Natur«, »Wesen«, »Geist«, »Kraft«, Übersetzungen, die in den Gesprächen des Kungtse häufig verwandt wurden, aber hier wegen ihrer Kollision mit andern vorkommenden Ausdrücken vermieden sind. Die gewöhnliche Wiedergabe mit »Tugend«, die für einige spätere Moralabhandlungen geeignet ist, paßt bei Laotse noch weniger als bei Kungfutse.

Gehen wir nach diesen Bemerkungen über die beiden grundlegenden Ausdrücke des Werks dazu über, den Standpunkt aufzusuchen, von dem aus Laotse seine Metaphysik aufbaut, so werden wir gleich vom ersten Ausgangspunkt an einen wesentlichen Unterschied von der antiken griechischen Philosophie zu konstatieren haben. Der Blick der alten griechischen Philosophen ist nach außen gerichtet, wo sie nach einem Prinzip für die Welterklärung suchen. Es ist in dieser Hinsicht nicht zufällig, daß ihre Werke zum großen Teil den Titel περὶ φύσεως tragen. Indem ein derartiges einseitiges Prinzip bis in seine letzten Konsequenzen verarbeitet wurde, zeigte sich stets an einem gewissen Punkt seine Grenze. Auf diesem Gebiet macht es keinen wesentlichen Unterschied, ob man das Wasser, das Feuer, die Atome, das Sein oder den Geiststoff als Grundprinzip annimmt: immer ist es eine einzelne Seite der Gesamterfahrung, die in ihrer Anwendung notwendige Grenzen hat. Das ist dann auch der Grund, warum die einzelnen philosophischen Systeme sich in der kosmologischen Periode der griechischen Philosophie fortwährend abwechseln: es fehlt ihnen allen die zentrale Begründung. Darum zeigt sich die Hauptschwäche aller dieser Systeme beim Übergang auf das psychologische Gebiet. Über eine materialistische Psychologie kann ein System, dessen Grundprinzip kosmologisch ist, niemals hinauskommen. Der Umschlag ging bei den Griechen bekanntlich durch die subjektivistisch-skeptische Periode der Sophisten hindurch, und erst einer dritten Periode war es vorbehalten, unter Verwendung des gesamten wiederholt verarbeiteten Materials die großen Systeme eines Demokrit, Plato und besonders Aristoteles zu schaffen, die nach den verschiedenen Richtungen hin eine einheitliche Zusammenfassung des Denkens in die Wege leiteten.

Das chinesische Denken ging wesentlich andere Bahnen. Weder Kungfutse noch Laotse hat das anthropologische Gebiet verlassen. Dies klar zu sehen, ist besonders gegenüber den Lehren des Laotse von grundlegender Wichtigkeit; denn, daß Kungfutse durchweg sozial-ethisch orientiert ist, dürfte wohl auf keinen Widerspruch stoßen. Dagegen hat es den Anschein, als ob der SINN, den Laotse verkündigt, etwas rein Kosmologisches wäre. Aber das ist nur Schein. Wiederholt gibt Laotse den Ausgangspunkt an, von dem aus er zu seinen Erkenntnissen, oder besser gesagt, Anschauungen kommt: Abschn. 21 u. 54. Das eine Mal ist vom SINN die Rede, das andere Mal vom LEBEN. Beide Mal steht zum Schluß die ausdrückliche Frage: Woher weiß ich, daß das so ist (sc. was im Vorhergehenden behauptet wurde vom SINN bzw. LEBEN)? Darauf folgt die zunächst seltsam anmutende Antwort: »Eben durch ihn«, »eben auf diese Weise«. Die betonte Stellung, in der diese Worte stehen, zwingt, ihnen eine Bedeutung zu geben, die über die Behauptung einer bloßen Tautologie hinausgeht. Der Zusammenhang ergibt, daß der Erkenntnisgrund beide Male ein allgemeines Prinzip ist, das aber in dem reflektierenden Individuum selbst auch vorhanden ist. Eben durch dieses Teilhaben des Individuums an dem allgemeinen Wahrheitsprinzip ist den Erkenntnissen die Evidenz, diese Wurzel aller Sicherheit, gewährleistet. Ins Praktische übertragen ist dieser Satz dreimal erwähnt: der Berufene tut das Ferne ab und ergreift das Nahe (Abschnitt 12, 38, 72). Jedes aus der äußeren Erfahrung genommene Prinzip wird mit der Zeit widerlegt werden und veralten, weil mit dem Fortschritt des Menschen auch die Welterkenntnis sich ändert (und die erkannte Welt ist ja im Grunde die einzige vorhandene »Welt«). Was dagegen aus dem zentralen Erleben heraus erkannt ist (aus dem inneren Licht, wie es die Mystiker ausdrücken), das bleibt unwiderleglich, falls es anders rein und richtig geschaut war. So kann auch der bitterste Gegner des Laotse, der Kulturprophet Han Yü, ihm keinen andern Vorwurf machen, als den, daß er in einem Brunnen sitze und die Welt nicht sehe, aber den Ausschnitt, den er sieht, kann ihm kein Mensch widerlegen. Denn, wohlgemerkt, es ist nicht das psychologisch bedingte, zufällige Einzel-Ich, das für Laotse in Betracht kommt. Dieses Einzel-Ich ist nur der Sitz der Täuschung und Gefahr. Vielmehr handelt es sich für ihn um das »reine« Ich, das dem Menschen als solchem eigen ist. Um vom empirischen Ich aus zu diesem Überindividuellen zu gelangen, ist natürlich eine weitgehende Abstraktion von allem Zufälligen, Einzelnen nötig. Darum erscheint dieses Eindringen in das Überindividuelle als Abnahme, während der Betrieb der Forschung mit seiner Anhäufung von Einzelkenntnissen als Zunahme erscheint (Abschn. 48). Was vor allem wichtig ist, ist, daß das Herz leer werde; erst dann kann es die großen Wahrheiten erfassen. Wenn Laotse immer wieder das leere Herz – sowohl auf dem Gebiet der Erkenntnis, als auch auf praktischem Gebiet – als den Idealzustand preist, so darf man, um zum richtigen Verständnis zu gelangen, nicht vergessen, daß »Herz« im Chinesischen etwas ganz anderes bedeutet, als im europäischen, christlich beeinflußten Gedankenkreis. Während im europäischen Mut bzw. Gemüt im Vordergrund stehen und die Klangfarbe beeinflussen, ist das chinesische »Herz« zunächst einer der fünf Sinne, und zwar steht es an Stelle des Sinnenkomplexes, der die unmittelbarste Berührung mit der Außenwelt vermittelt und den wir bei populären Aufzählungen als »Gefühl« zu bezeichnen pflegen. Dementsprechend ist das Herz auch der Sitz der Begierde nach Äußerem. Für Laotse ist die ganze Verstrickung mit der empirischen Außenwelt durch die Sinne und Begierden etwas Gefährliches, das auch die wahre Erkenntnis hindert, da es nur falschen Schein gibt (vgl. Abschn. 12). Darum ist das Mittel, um einzudringen in die Wahrheit, daß man die »Pforten« zuschließt, durch die jene verwirrenden Eindrücke in unser Inneres kommen (52, 56). Es ist ohne weiteres klar, daß auf diese Weise alles positive Wissen in den Hintergrund tritt. Ja, alles »Wissen« und »Erkennen« wird von Laotse als unzureichend direkt verurteilt (Abschn. 19, 20). Man sollte denken, daß es so notwendig zu einer abstrakten Weltverneinung kommen müsse. Das ist aber keineswegs die Meinung. Vielmehr liegt dem allem die Anschauung zugrunde, daß, wo der Schein aufhört, das verborgene wahre Sein, das ewig ist und über den flüchtigen Wechsel des Sinnestrugs erhaben, sich um so klarer und reiner abzeichnen kann. Was Laotse erstrebt, ist darum kein »Erkennen«, sondern »Schauen«, innere »Erleuchtung«. Daß dieses Schauen mit asketischen Visionen nichts zu tun hat, daß Laotse vielmehr die Sorge für den »Leib« und die »Knochen«, d.h. die Körperlichkeit in ihrem notwendigen Bestand durchaus billigt, geht aus einer ganzen Anzahl von Stellen hervor (vgl. 12, 3). Diese innere Erleuchtung führt ganz von selber zur Einfalt (vgl. 28), die im Kind, das noch nicht umhergetrieben ist von dem Wirrsal der Begierden, ihr schönstes Gleichnis hat. Das menschliche Wesen bildet so eine zusammenhängende, in sich zurückkehrende Einheit, deren Betätigungen sich spontan vollziehen und innerhalb derer jede Äußerung nach der Einen Seite sofort ihre Ergänzung findet durch ihr Gegenteil, das mit ihr gesetzt ist, so notwendig wie im Meer jede Welle von einem Wellental begleitet ist. Diese Harmonie des Ausgleichs wird auch durch Geburt und Tod nicht beeinflußt; sie bringt ewiges Leben, das über den Tod hinausreicht.

An diesem Punkt führt die Verfolgung der Erkenntnisfrage des Laotse ganz unmerklich hinüber zu einem metaphysischen Prinzip: TE (de), dem LEBEN; denn das LEBEN ist nach Laotse eben nichts anderes als dieses spontan sich betätigende, mit dem Weltgrund letzten Endes identische Menschenwesen. Sehr wichtig dabei ist die Spontaneität der Betätigung; diese Spontaneität ist das Geheimnis des LEBENS höchster Art (Vgl. 38). Vom individuellen Standpunkt aus betrachtet, erscheint allerdings gerade diese Spontaneität als etwas Negatives. Das Individuum hält sich zurück. Es lebt nicht selber, sondern es läßt sich leben, es wird gelebt (30). Daher die Betonung des Nicht-Handelns. Dieses Nicht-Handeln ist keine Untätigkeit, sondern nur absolute Empfänglichkeit für das, was sich von jenem metaphysischen Grunde aus im Individuum auswirkt. Das ist auch der Sinn der verschiedenen Stellen, wo das LEBEN als etwas Weibliches, rein Empfangendes bezeichnet wird. Gut ist dieses LEBEN insofern, als es in jedem Augenblick und in jeder Lage das entsprechende Verhalten zeigt (8). Seine Macht beruht eben darauf, daß es in jedem Verhältnis die notwendige Ergänzung bietet. Zu den Guten ist es gut, zu den Nichtguten ist es auch gut; denn es gibt jedem, was ihm fehlt zu seiner Ergänzung. Diese Ergänzung ist etwas, das ohne allen Streit sich darbieten läßt, sie ist sozusagen die Erfüllung eines leeren Platzes. Aber eben dadurch, daß diese Ergänzung gewährt wird, ist derjenige, von dem sie ausgeht, ganz von selbst der Überlegene. Indem so das Gute für Laotse ein Wechselbegriff ist, der sich nicht ein für allemal fixieren läßt, sondern jedem einzelnen Fall angepaßt werden muß, fällt alles einseitig Ponierte notwendig unter das Urteil der Minderwertigkeit. Auch die höchste Tugend, die sich selbst behaupten, selbst durchsetzen will, ist etwas Minderwertiges, weil sie immer nur die Eine Seite in dem jeweilig notwendigen Paar der Gegensätze repräsentiert. Wenn alle auf der Welt das Gute als gut erkennen, so ist damit schon das Nichtgute gesetzt. Darum ist das LEBEN, das sich durch äußere Vorkehrungen als etwas Positives durchsetzen will, minderwertiges LEBEN, selbst wenn es sich als Menschenliebe, Gerechtigkeit, Sittenregel äußert (38). In allen Fällen ruft eben die Position notwendig die Negation hervor. Wer sich mit der Einen Seite eines solchen Gegensatzpaares identifiziert, hat damit, vom höchsten Standpunkt aus angesehen, unrecht. Wir haben hier eine Anschauung über das Leben, wie sie z.B. der ganzen Tragik zugrunde liegt und besonders von Hebbel auf den Begriff gebracht worden ist. Jede Überschreitung des Individuums ruft von seiten des dadurch gestörten Weltzusammenhangs eine ausgleichende Reaktion hervor.

Der Mensch nun, der dieses LEBEN in sich verkörpert, der Idealmensch sozusagen, wird im Taoteking durchweg als Scheng Jen bezeichnet. Wir haben den Ausdruck mit »der Berufene« übersetzt. Sonst findet sich auch wohl die Übersetzung »der Heilige«. Gemeint ist jedenfalls der Einzelmensch, der unter Hintanstellung seiner zufälligen Neigungen und Wünsche vollkommen jenem Prinzip des LEBENS entspricht. Er lebt nicht sich selber und sucht nichts für sich selber, sondern läßt das LEBEN in sich zur Auswirkung kommen. In dieser Stellung ist er aber sozusagen eine kosmische Potenz. Das ist nur konsequent; denn es wird niemals gelingen, den Menschen aus der Welt auszuschalten, da er stets ein notwendiger Faktor des Komplexes, den wir als Welt bezeichnen, bleiben wird. Darüber kommen auch die modernsten Weltanschauungen nicht hinaus. Nach der philosophischen Arbeit Kants ist in diesem Stück ein ernstlicher Zweifel auch gar nicht mehr möglich. Der »Berufene« ist nun aber nicht in irgendeiner historischen Persönlichkeit verwirklicht, er ist eine überzeitliche Idee, an der jeder nach Maßgabe seiner inneren Übereinstimmung Anteil haben kann, in mancher Hinsicht dem jüdischen Messiasgedanken vergleichbar. In diesem Zusammenhang gewinnt vielleicht auch die dunkle Stelle Abschnitt 4 einiges Licht: »Ich weiß nicht, wes Sohn er ist, er scheint auch noch den göttlichen Herrschern voranzugehen.«

Verfolgen wir diese Spontaneität noch eine Stufe weiter zurück über das Menschliche hinaus, so kommen wir zum SINN (dao). Wie das LEBEN im Menschen ist, so ist der SINN in der Welt schlechthin als Spontaneität. Er ist verschieden von allen Dingen, entzieht sich jeder sinnlichen Wahrnehmung: insofern fällt er auch nicht in den Bereich des Daseins. Laotse schreibt ihm wiederholt das »Nicht-Sein«, die »Leere« zu. Um diese Ausdrücke nicht falsch zu deuten, ist es notwendig, daß man beachtet, daß im Chinesischen das Negative eine andere Rolle spielt als im europäischen Gedankenleben. Sein und Nicht-Sein sind konträre, nicht kontradiktorische Gegensätze für den Chinesen. Sie verhalten sich gewissermaßen wie positive und negative Vorzeichen in der Mathematik. Insofern ist auch das »Nicht-Sein« kein rein privater Ausdruck, oft könnte man es am besten mit »Für- sich-sein« übersetzen im Gegensatz zum »Dasein«. Interessant sind in dieser Hinsicht einige sprachpsychologische Beobachtungen, die sich noch an der modernen chinesischen Umgangssprache machen lassen. Doppelte Negation mit dem Wert einer starken Position ist zwar auch in Europa zulässig, aber das natürliche Sprachgefühl widerstrebt doch im allgemeinen einer derartigen Ausdrucksweise, während sie im Chinesischen ganz geläufig ist. Wo wir sagen: »Er wird sicher kommen«, sagt der Chinese unbedenklich: »Er kann nicht nicht kommen«. »Allgegenwart« drückt er aus: »Kein Ort, wo er nicht ist«. Die vollkommene Gleichwertigkeit von Position und Negation kommt vielleicht am schlagendsten zum Ausdruck bei der Antwort auf negative Fragen. Auf die Frage: »Kommt er nicht?« antwortet der Chinese »Ja«, wenn er nicht kommt, weil das »nicht« der Frage für ihn keine private Bedeutung hat, sondern mit dem »Kommen« zu einem Begriff, dem Begriff des »Nichtkommens« sich zusammenschließt, der ohne die Befürchtung eines Mißverständnisses ebenso bejaht werden kann wie irgendein positiver Begriff. In diesem Zusammenhang muß auch das »Nicht-Sein« bei Laotse verstanden werden; es ist nicht das einfache Nichts, sondern nur etwas vom Dasein qualitativ Verschiedenes. Der SINN ist in allen Dingen, aber er ist nicht selbst ein Ding. Seine Wirksamkeit ist daher auch eine wesentlich qualitative. Eine Analogie haben wir dazu in dem geläufigen Begriff des Naturgesetzes. Das Naturgesetz kommt in allen Erscheinungen zum Ausdruck, ohne daß es etwas wäre, das in den Ablauf des Geschehens irgendwie von außen her eingreifen würde. Ebenso ist der SINN des Laotse in allem Geschehen allgegenwärtig, er kann zur Rechten sein und zur Linken (34), aber er erschöpft sich nicht in irgendeinem Geschehen. Dieses sich Nicht-Erschöpfen, oder wie Laotse es ausdrückt »Nicht-Voll-Werden« ist die Qualität, die ihn allen Dingen gegenüber unendlich überlegen macht, ohne daß sich diese Überlegenheit irgendwie einmal äußern würde. Dieses Nichtäußern der Überlegenheit, seine »Schwachheit«, ist es, was man als »klein« bezeichnen kann, während seine durchgehende Wirksamkeit in allen Dingen seine »Größe« ausmacht. Es bleibt noch zu erwähnen, daß die Ewigkeit des SINNS darauf beruht, daß seine Bewegungen alle in sich zurückkehrend sind. Alle Gegensätze werden durch ihn aufgehoben dadurch, daß sie sich gegenseitig ausgleichen, ja, daß jede Bewegung notwendig in ihr Gegenteil umschlägt. Sind die Dinge stark geworden, so sterben sie; es ist eben die Stärke und die damit verbundene Starrheit, die ihren Tod herbeiführt. In der modernen Entwicklungsgeschichte könnte man Belege zu dieser Wahrheit finden in den einseitig überentwickelten und verfestigten Lebenstypen, die an dieser Entwicklung zugrunde gehen (vgl. die Saurier u.a.). Das Leben ist immer nur im Ganzen, niemals in einer Vereinzelung, darum kennt auch die Natur nicht Liebe nach Menschenart, sondern alle Wesen haben an ihrem Überfluß Anteil; wollten sie aber von diesem Überflusse für sich selbst etwas festhalten, so wären sie eben dadurch dem Tod verfallen.

Dieser SINN ist daher, ontologisch betrachtet, die Wurzel alles Seins, aber da das Sein vom Nicht-Sein nur dem Namen nach, nicht wesentlich verschieden ist, so zeigt sich der SINN auch wirksam innerhalb des Seins in Gestalt des Mütterlichen, Gebärenden, das die Einzelwesen hervorbringt zum Leben und wieder in sich zurücknimmt im Sterben.

Nachdem wir sozusagen induktiv zu dem Welterklärungsprinzip Laotses aufgestiegen sind, bleibt uns nun noch der umgekehrte Weg zu verfolgen übrig: der Weg, auf dem Laotse von seinem obersten Prinzip aus deduktiv zur Wirklichkeit herabsteigt. Wie sich nicht anders vermuten läßt, liegen gerade hier seine größten Schwierigkeiten.

»Der Gott, der mir im Busen wohnt,
Kann tief mein Innerstes erregen;
Der über allen meinen Kräften thront,
Er kann nach außen nichts bewegen.«

Etwas von der Not, die in diesen Versen ausgesprochen ist, hat auch Laotse zu erfahren gehabt. Nicht nur persönlich, in seinem Verhältnis zur Außenwelt, wie er es in tragischem Ausbruch, Abschnitt 20, klagt, sondern auch prinzipiell, bei der Ableitung der Außenwelt aus dem SINN. Man kann ihm daraus im Grunde keinen Vorwurf machen; denn dem Wirklichen wohnt eben tatsächlich ein irrationaler Rest inne, der sich denkend nicht erfassen läßt. Vielleicht ist eben dieser irrationale Rest der Daseinsgrund alles Individuellen. An ihm hat sich seit Urzeiten die Menschheit wundgerieben, ohne eine Antwort auf ihre Fragen zu finden, – die vielleicht überhaupt nicht anders als durch den Willen jedes Einzelnen für ihn zu lösen sind. Wir dürfen von Laotse nicht erwarten, daß ihm gelingt, was keinem Philosophen vor ihm oder nach ihm gelungen ist: daß er mit dem Denken bis in die Wirklichkeit hineinreicht. Immerhin sind die Hilfslinien interessant, die er zieht, um die Richtung anzudeuten, in der der SINN sich auf das Wirkliche zu bewegt.

Man wird zweierlei unterscheiden müssen: einmal die Bewegung, die vom SINN als der letzten Einheit zu der Entstehung der Mannigfaltigkeiten führt, und dann die Linien, die vom Gedanken zur Wirklichkeit weisen.

Die Einheit ist es, von der Laotse ausgeht; insofern ist er entschiedener Monist (wie übrigens das ganze chinesische Denken letzten Grundes monistisch ist, trotz der so sehr hervortretenden Lehre von den Dualkräften, die aber nur innerweltlich wirksam sind). Diese Einheit ist das letzte, zu dem der Gedanke aufsteigt, das Geheimnis des Geheimnisses, die Pforte der Offenbarwerdung aller Kräfte (1) ... In dieser Einheit sind alle Gegensätze noch ungetrennt durcheinander. Sie ist dasselbe, was als vor dem »Uranfang« liegender »Nichtanfang« bezeichnet zu werden pflegt (vgl. Erklärung zu Abschn. 1). Diese Eins als These erzeugt die Zwei als Antithese (die Gegensätze von Licht und Finsternis, von Männlichem und Weiblichem, von Positivem und Negativem usw.). Die Zwei erzeugt die Drei, d.h. die Antithese wird aufgehoben in der

Synthese (vgl. Abschn. 42). Es verdient bemerkt zu werden, wie die rationale Philosophie bei Laotse genau dieselben Bahnen wandelt, wie zweieinhalb Jahrtausende später bei Hegel.

Daß übrigens die Einheit zur Mannigfaltigkeit fortschreiten kann, ohne daß etwas ganz anderes entsteht, wird dadurch ermöglicht, daß in der Einheit selbst schon eine Mannigfaltigkeit angelegt ist, ohne daß sie jedoch in ihrem Keimzustand in die Erscheinung zu treten fähig wäre. Das ist wohl der Sinn von Abschnitt 14, wo davon die Rede ist, daß eine unsichtbare Sichtbarkeit, eine unhörbare Hörbarkeit, eine ungreifbare Greifbarkeit in dem SINN angelegt und daß diese Drei untrennbar durcheinander seien und Eins bilden. Diese Mannigfaltigkeit in der Einheit macht dann die weiteren Entfaltungen möglich. Daß es sich für Laotse nicht um eine historisch einmal eingetretene Weltschöpfung handeln kann, durch die diese Entfaltung sich vollzieht, ist ohne weiteres klar. Diese Entfaltung ist vielmehr wesentlich ein logischer Vorgang, der allerdings zeitlich zurückprojiziert werden kann und dann als Anfang von Himmel und Erde bezeichnet wird, aber ebenso zeigt sie sich innerhalb der räumlichen Welt in der fortdauernden Regeneration des Lebens (Abschn. 1). Die zur Mannigfaltigkeit ausgebreitete Einheit ist auch erwähnt in Abschnitt 25, wo diese Entfaltung in Form einer Kreisbewegung dargestellt ist. Der SINN zeigt sich im Fluß befindlich und so im Himmel, d.h. der Gesamtheit der unsichtbar wirkenden, immateriellen Kräfte, sich auswirkend, von da aus übergehend zur äußersten Entfernung von sich selbst und so die Erde, d.h. die Gesamtheit der materiellen Körperlichkeit, befruchtend, endlich zurückkehrend zu sich selbst im Menschen. Mensch, Erde, Himmel haben demnach ihr Vorbild immer in der nächstvorangehenden Seinsstufe, und ihre Wirkungsweise ist damit abgeleitet vom SINN, der die einzige unmittelbare Wirkung hat. Ganz ähnlich ist diese Einheit als Wurzel der Bestimmungsgemäßheit von Himmel, Erde und Mensch (Herrscher) bezeichnet in Abschnitt 39. Dort treten aber noch zwei Vorstellungskomplexe auf (Geister und Tiefe), die sofort in anderem Zusammenhang noch näher zu beleuchten sind.

Von diesem Verhältnis zwischen Einheit und Mannigfaltigkeit zu unterscheiden ist der Übergang vom SINN zur Wirklichkeit. Besonders charakteristisch in dieser Richtung sind Abschnitt 14 und 21, zu denen noch der Anfang von Abschnitt 51 heranzuziehen ist. Hier finden wir Andeutungen darüber, wie im SINN die Wirklichkeit sozusagen potentiell angelegt ist. Es dürfte ein vergeblicher Versuch sein, in diese vereinzelten Intuitionen, die sich dem begrifflichen Ausdruck entziehen, irgendein festes System bringen zu wollen. Man merkt es den Stellen an, daß sie stammelnd reden von Erlebnissen, die das menschliche Denken übersteigen. Im allgemeinen läßt sich ja wohl sagen, daß eine gewisse Verwandtschaft mit der Platonischen Ideenlehre vorhanden ist. Wiederholt ist davon die Rede, daß das Sich-Auswirken des SINNS in den Geschöpfen, d.h. den Einzelwesen der Wirklichkeit, dadurch ermöglicht werde, daß im SINNE selbst in unfaßbarer Weise gestaltlose und unkörperliche Ideen (Bilder) enthalten seien. Zur Vermittlung des Heraustretens dieser Ideen bedient sich Laotse einerseits des Begriffs des LEBENS (Des großen LEBENS Form folgt ganz dem SINN, d.h. gestaltet sich nach ihm; Abschn. 21), andererseits des Begriffs des Samens. Von dem LEBEN und seinem Verhältnis zum SINN war oben schon die Rede. Was die Vorstellung des Samens anlangt, so nimmt sie eine Zwischenstellung ein zwischen der Welt der Ideen und der körperlich materiellen Welt. Dem Samen kommt nach Abschnitt 21 Realität zu, und damit ist die Verbindung mit der Außenwelt hergestellt.

Neben dieser Ableitung findet sich die sonst übliche Dualität von Himmel und Erde verwendet. Der Himmel repräsentiert in diesem Zusammenhang die geistigen Kräfte, während die Erde dem Materiellen – als der größten Selbstentäußerung des SINNS – nähersteht. Ein anderes Begriffspaar ist zu erwähnen, das in Abschnitt 6 und 39 vorkommt: die Tiefe oder Leere (wörtlich: das Tal) und der Geist bzw. die Geister (schen). Die Tiefe oder Leere ist ursprünglich der unerfüllte Raum zwischen zwei Berghängen. Im Anschluß wohl an ältere mythische Vorstellungen knüpft sich daran die Auffassung von der Entstehung des Lebens durch die Einwirkung des Geistes. Die Tiefe gewinnt dann beinahe die Bedeutung dessen, was wir Materie nennen, das an sich noch Unbestimmte, Unaktive, die bloße Möglichkeit zum Sein, während der Geist dann das entsprechende aktive Prinzip hinzubringt. Es würde zu weit führen, den hier angedeuteten Spuren zu Ende folgen zu wollen. Es würde sich zeigen, daß wir hier in eine Vorstellungsreihe hinein kämen, die von den übrigen im Taoteking durchgeführten einigermaßen abweicht. Aber sie mag wenigstens erwähnt werden, um die Aufmerksamkeit darauf zu lenken.

In diesen Gedankenreihen hat der spätere Taoismus sehr weitgehende Spekulationen gepflegt, die zum Teil ins Phantastisch-Uferlose gehen und eng verbunden sind mit den alchimistischen Versuchen, ein Lebenselixier zu finden, oder mit dem asketischen Streben, durch allerhand leibliche Übungen die Lebenskräfte so in sich zu konzentrieren, daß auch der Körper der Sterblichkeit entnommen bleibe. Es ist ein Zeichen für die Höhe des Standpunkts von Laotse, daß derartige Dinge ihm fremd sind und er sich auf Andeutungen des Unaussprechlichen beschränkt, deren Verfolg jedem einzelnen überlassen bleiben mag.

Erster Teil
Der Sinn

1. Verkörperung des Sinns

Der SINN, der sich aussprechen läßt,
ist nicht der ewige SINN.
Der Name, der sich nennen läßt,
ist nicht der ewige Name.
»Nichtsein« nenne ich den Anfang von Himmel und Erde.
»Sein« nenne ich die Mutter der Einzelwesen.
Darum führt die Richtung auf das Nichtsein
zum Schauen des wunderbaren Wesens,
die Richtung auf das Sein
zum Schauen der räumlichen Begrenztheiten.
Beides ist eins dem Ursprung nach
und nur verschieden durch den Namen.
In seiner Einheit heißt es das Geheimnis.
Des Geheimnisses noch tieferes Geheimnis
ist das Tor, durch das alle Wunder hervortreten.

2. Pflege der Persönlichkeit

Wenn auf Erden alle das Schöne als schön erkennen,
so ist dadurch schon das Häßliche gesetzt.
Wenn auf Erden alle das Gute als gut erkennen,
so ist dadurch schon das Nichtgute gesetzt.
Denn Sein und Nichtsein erzeugen einander.
Schwer und Leicht vollenden einander.
Lang und Kurz gestalten einander.
Hoch und Tief verkehren einander.
Stimme und Ton sich vermählen einander.
Vorher und Nachher folgen einander.

Also auch der Berufene:
Er verweilt im Wirken ohne Handeln.
Er übt Belehrung ohne Reden.
Alle Wesen treten hervor,
und er verweigert sich ihnen nicht.
Er erzeugt und besitzt nicht.
Erwirkt und behält nicht.
Ist das Werk vollbracht,
so verharrt er nicht dabei.
Und eben weil er nicht verharrt,
bleibt er nicht verlassen.

3. Friede auf Erden

Die Tüchtigen nicht bevorzugen,
so macht man, daß das Volk nicht streitet.
Kostbarkeiten nicht schätzen,
so macht man, daß das Volk nicht stiehlt.
Nichts Begehrenswertes zeigen,
so macht man, daß des Volkes Herz nicht wirr wird.

Darum regiert der Berufene also:
Er leert ihre Herzen und füllt ihren Leib.
Er schwächt ihren Willen und stärkt ihre Knochen
und macht, daß das Volk ohne Wissen
und ohne Wünsche bleibt,
und sorgt dafür,
daß jene Wissenden nicht zu handeln wagen.
Er macht das Nichtmachen,
so kommt alles in Ordnung.

4. Von Ewigkeit her

Der SINN ist immer strömend.
Aber er läuft in seinem Wirken doch nie über.
Ein Abgrund ist er, wie der Ahn aller Dinge.
Er mildert ihre Schärfe.
Er löst ihre Wirrsale.
Er mäßigt ihren Glanz.
Er vereinigt sich mit ihrem Staub.
Tief ist er und doch wie wirklich.
Ich weiß nicht, wessen Sohn er ist.
Er scheint früher zu sein als Gott.

5. Die Wirkung der Möglichkeit

Himmel und Erde sind nicht gütig.
Ihnen sind die Menschen wie stroherne Opferhunde.
Der Berufene ist nicht gütig.
Ihm sind die Menschen wie stroherne Opferhunde.
Der Zwischenraum zwischen Himmel und Erde
ist wie eine Flöte,
leer und fällt doch nicht zusammen;
bewegt kommt immer mehr daraus hervor.
Aber viele Worte erschöpfen sich daran.
Besser ist es, das Innere zu bewahren.

6. Das Werden der Formen

Der Geist des Tals stirbt nicht,
das heißt das dunkle Weib.
Daß Tor des dunklen Weibs,
das heißt die Wurzel von Himmel und Erde.
Ununterbrochen wie beharrend
wirkt es ohne Mühe.

7. Verhüllung des Lichts

Der Himmel ist ewig und die Erde dauernd.
Sie sind dauernd und ewig,
weil sie nicht sich selber leben.
Deshalb können sie ewig leben.

Also auch der Berufene:
Er setzt sein Selbst hintan,
und sein Selbst kommt voran.
Er entäußert sich seines Selbst,
und sein Selbst bleibt erhalten.
Ist es nicht also:
Weil er nichts Eigenes will,
darum wird sein Eigenes vollendet?

8. Das Wesen der Beweglichkeit

Höchste Güte ist wie das Wasser.
Des Wassers Güte ist es, allen Wesen zu nützen ohne Streit.
Es weilt an Orten, die alle Menschen verachten.
Drum steht es nahe dem SINN.
Beim Wohnen zeigt sich die Güte an dem Platze.
Beim Denken zeigt sich die Güte in der Tiefe.
Beim Schenken zeigt sich die Güte in der Liebe.
Beim Reden zeigt sich die Güte in der Wahrheit.
Beim Walten zeigt sich die Güte in der Ordnung.
Beim Wirken zeigt sich die Güte im Können.
Beim Bewegen zeigt sich die Güte in der rechten Zeit.
Wer sich nicht selbst behauptet,
bleibt eben dadurch frei von Tadel.

9. Selbstbeschränkung

Etwas festhalten wollen und dabei es überfüllen:
das lohnt der Mühe nicht.
Etwas handhaben wollen und dabei es immer scharf halten:
das läßt sich nicht lange bewahren.
Mit Gold und Edelsteinen gefüllten Saal
kann niemand beschützen.
Reich und vornehm und dazu hochmütig sein:
das zieht von selbst das Unglück herbei.
Ist das Werk vollbracht, dann sich zurückziehen:
das ist des Himmels SINN.

10. Möglichkeiten

Kannst du deine Seele bilden, daß sie das Eine umfängt,
ohne sich zu zerstreuen?
Kannst du deine Kraft einheitlich machen
und die Weichheit erreichen,
daß du wie ein Kindlein wirst?
Kannst du dein geheimes Schauen so reinigen,
daß es frei von Flecken wird?
Kannst du die Menschen lieben und den Staat lenken,
daß du ohne Wissen bleibst?
Kannst du, wenn des Himmels Pforten
sich öffnen und schließen,
wie eine Henne sein?
Kannst du mit deiner inneren Klarheit und Reinheit
alles durchdringen, ohne des Handelns zu bedürfen?
Erzeugen und ernähren,
erzeugen und nicht besitzen,
wirken und nicht behalten,
mehren und nicht beherrschen:
das ist geheimes LEBEN.

11. Die Wirksamkeit des Negativen

Dreißig Speichen umgeben eine Nabe:
In ihrem Nichts besteht des Wagens Werk.
Man höhlet Ton und bildet ihn zu Töpfen:
In ihrem Nichts besteht der Töpfe Werk.
Man gräbt Türen und Fenster, damit die Kammer werde:
In ihrem Nichts besteht der Kammer Werk.

Darum: Was ist, dient zum Besitz.
Was nicht ist, dient zum Werk.

12. Zügelung der Begierden

Die fünferlei Farben machen der Menschen Augen blind.
Die fünferlei Töne machen der Menschen Ohren taub.
Die fünferlei Würzen machen der Menschen Gaumen schal.
Rennen und jagen machen der Menschen Herzen toll.
Seltene Güter machen der Menschen Wandel wirr.

Darum wirkt der Berufene für den Leib und nicht fürs Auge.
Er entfernt das andere und nimmt dieses.

13. Abscheu vor Beschämung

Gnade ist beschämend wie ein Schreck.
Ehre ist ein großes Übel wie die Person.
Was heißt das: »Gnade ist beschämend wie ein Schreck«?
Gnade ist etwas Minderwertiges.
Man erlangt sie und ist wie erschrocken.
Man verliert sie und ist wie erschrocken.
Das heißt: »Gnade ist beschämend wie ein Schreck«.
Was heißt das: »Ehre ist ein großes Übel wie die Person«?
Der Grund, warum ich große Übel erfahre, ist,
daß ich eine Person habe.
Habe ich keine Person,
was für Übel könnte ich dann erfahren?

Darum: Wer in seiner Person die Welt ehrt,
dem kann man wohl die Welt anvertrauen.
Wer in seiner Person die Welt liebt,
dem kann man wohl die Welt übergeben.

14. Lob des Geheimnisses

Man schaut nach ihm und sieht es nicht:
Sein Name ist Keim.
Man horcht nach ihm und hört es nicht:
Sein Name ist Fein.
Man faßt nach ihm und fühlt es nicht:
Sein Name ist Klein.
Diese drei kann man nicht trennen,
darum bilden sie vermischt Eines.
Sein Oberes ist nicht licht,
sein Unteres ist nicht dunkel.
Ununterbrochen quellend,
kann man es nicht nennen.
Er kehrt wieder zurück zum Nichtwesen.
Das heißt die gestaltlose Gestalt,
das dinglose Bild.
Das heißt das dunkel Chaotische.
Ihm entgegengehend sieht man nicht sein Antlitz,
ihm folgend sieht man nicht seine Rückseite.
Wenn man festhält den SINN des Altertums,
um zu beherrschen das Sein von heute,
so kann man den alten Anfang wissen.
Das heißt des SINNS durchgehender Faden.

15. Wie das Leben sich zeigt

Die vor alters tüchtig waren als Meister,
waren im Verborgenen eins mit den unsichtbaren Kräften.
Tief waren sie, so daß man sie nicht kennen kann.
Weil man sie nicht kennen kann,
darum kann man nur mit Mühe ihr Äußeres beschreiben.
Zögernd, wie wer im Winter einen Fluß durchschreitet,
vorsichtig, wie wer von allen Seiten Nachbarn fürchtet,
zurückhaltend wie Gäste,
vergehend wie Eis, das am Schmelzen ist,
einfach, wie unbearbeiteter Stoff,
weit waren sie, wie das Tal,
undurchsichtig waren sie, wie das Trübe.
Wer kann (wie sie) das Trübe durch Stille allmählich klären?
Wer kann (wie sie) die Ruhe
durch Dauer allmählich erzeugen?
Wer diesen SINN bewahrt,
begehrt nicht Fülle.
Denn nur weil er keine Fülle hat,
darum kann er gering sein,
das Neue meiden
und die Vollendung erreichen.

16. Rückkehr zur Wurzel

Schaffe Leere bis zum Höchsten!
Wahre die Stille bis zum Völligsten!
Alle Dinge mögen sich dann zugleich erheben.
Ich schaue, wie sie sich wenden.
Die Dinge in all ihrer Menge,
ein jedes kehrt zurück zu seiner Wurzel.
Rückkehr zur Wurzel heilst Stille.
Stille heißt Wendung zum Schicksal.
Wendung zum Schicksal heißt Ewigkeit.
Erkenntnis der Ewigkeit heißt Klarheit.
Erkennt man das Ewige nicht,
so kommt man in Wirrnis und Sünde.
Erkennt man das Ewige,
so wird man duldsam.
Duldsamkeit führt zur Gerechtigkeit.
Gerechtigkeit führt zur Herrschaft.
Herrschaft führt zum Himmel.
Himmel führt zum SINN.
SINN führt zur Dauer.
Sein Leben lang kommt man nicht in Gefahr.

17. Reinheit des Wirkens

Herrscht ein ganz Großer,
so weiß das Volk kaum, daß er da ist.
Mindere werden geliebt und gelobt,
noch Mindere werden gefürchtet,
noch Mindere werden verachtet.
Wie überlegt muß man sein in seinen Worten!
Die Werke sind vollbracht, die Geschäfte gehen ihren Lauf,
und die Leute denken alle:
»Wir sind frei.«

18. Verfall der Sitte

Geht der große SINN zugrunde,
so gibt es Sittlichkeit und Pflicht.
Kommen Klugheit und Wissen auf,
so gibt es die großen Lügen.
Werden die Verwandten uneins,
so gibt es Kindespflicht und Liebe.
Geraten die Staaten in Verwirrung,
so gibt es die treuen Beamten.

19. Rückkehr zur Echtheit

Tut ab die Heiligkeit, werft weg das Wissen,
so wird das Volk hundertfach gewinnen.
Tut ab die Sittlichkeit, werft weg die Pflicht,
so wird das Volk zurückkehren zu Kindespflicht und Liebe.
Tut ab die Geschicklichkeit, werft weg den Gewinn,
so wird es Diebe und Räuber nicht mehr geben.
In diesen drei Stücken
ist der schöne Schein nicht ausreichend.
Darum sorgt, daß die Menschen sich an etwas halten können.
Zeigt Einfachheit, haltet fest die Lauterkeit!
Mindert Selbstsucht, verringert die Begierden!
Gebt auf die Gelehrsamkeit!
So werdet ihr frei von Sorgen.

20. Abseits von der Menge

Zwischen »Gewiß« und »Jawohl«:
was ist da für ein Unterschied?
Zwischen »Gut« und »Böse«;
was ist da für ein Unterschied?
Was die Menschen ehren, muß man ehren.
O Einsamkeit, wie lange dauerst Du?
Alle Menschen sind so strahlend,
als ginge es zum großen Opfer,
als stiegen sie im Frühling auf die Türme.
Nur ich bin so zögernd, mir ward noch kein Zeichen,
wie ein Säugling, der noch nicht lachen kann,
unruhig, umgetrieben, als hätte ich keine Heimat.
Alle Menschen haben Überfluß;
nur ich bin wie vergessen.
Ich habe das Herz eines Toren, so wirr und dunkel.
Die Weltmenschen sind hell, ach so hell;
nur ich bin wie trübe.
Die Weltmenschen sind klug, ach so klug;
nur ich bin wie verschlossen in mir,
unruhig, ach, als wie das Meer,
wirbelnd, ach, ohn Unterlaß.
Alle Menschen haben ihre Zwecke;
nur ich bin müßig wie ein Bettler.
Ich allein bin anders als die Menschen:
Doch ich halte es wert,
Nahrung zu suchen bei der Mutter.

21. Das leere Herz

Des großen LEBENS Inhalt
folgt ganz dem SINN.
Der SINN bewirkt die Dinge
so chaotisch, so dunkel.
Chaotisch, dunkel
sind in ihm Bilder.
Dunkel, chaotisch
sind in ihm Dinge.
Unergründlich finster
ist in ihm Same.
Dieser Same ist ganz wahr.
In ihm ist Zuverlässigkeit.
Von alters bis heute
sind die Namen nicht zu entbehren,
um zu überschauen alle Dinge.
Woher weiß ich aller Dinge Art?
Eben durch sie.

22. Wert der Demut

Was halb ist, wird ganz werden.
Was krumm ist, wird gerade werden.
Was leer ist, wird voll werden.
Was alt ist, wird neu werden.
Wer wenig hat, wird bekommen.
Wer viel hat, wird benommen.

Also auch der Berufene:
Er umfaßt das Eine
und ist der Welt Vorbild.
Er will nicht selber scheinen,
darum wird er erleuchtet.
Er will nichts selber sein,
darum wird er herrlich.
Er rühmt sich selber nicht,
darum vollbringt er Werke.
Er tut sich nicht selber hervor,
darum wird er erhoben.
Denn wer nicht streitet,
mit dem kann niemand auf der Welt streiten.
Was die Alten gesagt: »Was halb ist, soll voll werden«,
ist fürwahr kein leeres Wort.
Alle wahre Vollkommenheit ist darunter befaßt.

23. Leere und Nichtsein

Macht selten die Worte,
dann geht alles von selbst.
Ein Wirbelsturm dauert keinen Morgen lang.
Ein Platzregen dauert keinen Tag.
Und wer wirkt diese?
Himmel und Erde.
Was nun selbst Himmel und Erde nicht dauernd vermögen,
wieviel weniger kann das der Mensch?

Darum: Wenn du an dein Werk gehst mit dem SINN,
so wirst du mit denen, so den SINN haben, eins im SINN,
mit denen, so das LEBEN haben, eins im LEBEN,
mit denen, so arm sind, eins in ihrer Armut.
Bist du eins mit ihnen im SINN,
so kommen dir die, so den SINN haben,
auch freudig entgegen.
Bist du eins mit ihnen im LEBEN,
so kommen dir die, so das LEBEN haben,
auch freudig entgegen.
Bist du eins mit ihnen in ihrer Armut,
so kommen dir die, so da arm sind, auch freudig entgegen.
Wo aber der Glaube nicht stark genug ist,
da findet man keinen Glauben.

24. Bittere Herrlichkeit

Wer auf den Zehen steht,
steht nicht fest.
Wer mit gespreizten Beinen geht,
kommt nicht voran.
Wer selber scheinen will,
wird nicht erleuchtet.
Wer selber etwas sein will,
wird nicht herrlich.
Wer selber sich rühmt,
vollbringt nicht Werke.
Wer selber sich hervortut,
wird nicht erhoben.
Er ist für den SINN wie Küchenabfall und Eiterbeule.
Und auch die Geschöpfe alle hassen ihn.
Darum: Wer den SINN hat,
weilt nicht dabei.

25. Des unzulänglichen Gleichnis

Es gibt ein Ding, das ist unterschiedslos vollendet.
Bevor der Himmel und die Erde waren, ist es schon da,
so still, so einsam.
Allein steht es und ändert sich nicht.
Im Kreis läuft es und gefährdet sich nicht.
Man kann es nennen die Mutter der Welt.
Ich weiß nicht seinen Namen.
Ich bezeichne es als SINN.
Mühsam einen Namen ihm gebend,
nenne ich es: groß.
Groß, das heißt immer bewegt.
Immer bewegt, das heißt ferne.
Ferne, das heißt zurückkehrend.
So ist der SINN groß, der Himmel groß, die Erde groß,
und auch der Mensch ist groß.
Vier Große gibt es im Raume,
und der Mensch ist auch darunter.
Der Mensch richtet sich nach der Erde.
Die Erde richtet sich nach dem Himmel.
Der Himmel richtet sich nach dem SINN.
Der SINN richtet sich nach sich selber.

26. Wesen des Schweren

Das Gewichtige ist des Leichten Wurzel.
Die Stille ist der Unruhe Herr.

Also auch der Berufene:
Er wandert den ganzen Tag,
ohne sich vom schweren Gepäck zu trennen.
Mag er auch alle Herrlichkeiten vor Augen haben:
Er weilt zufrieden in seiner Einsamkeit.
Wieviel weniger erst darf der Herr des Reiches
in seiner Person den Erdkreis leicht nehmen!
Durch Leichtnehmen verliert man die Wurzel.
Durch Unruhe verliert man die Herrschaft.

27. Weisheit im Üben

Ein guter Wanderer läßt keine Spur zurück.
Ein guter Redner braucht nichts zu widerlegen.
Ein guter Rechner braucht keine Rechenstäbchen.
Ein guter Schließer braucht nicht Schloß noch Schlüssel,
und doch kann niemand auftun.
Ein guter Binder braucht nicht Strick noch Bänder,
und doch kann niemand lösen.
Der Berufene versteht es immer gut, die Menschen zu retten;
darum gibt es für ihn keine verworfenen Menschen.
Er versteht es immer gut, die Dinge zu retten;
darum gibt es für ihn keine verworfenen Dinge.
Das heißt die Klarheit erben.
So sind die guten Menschen die Lehrer der Nichtguten,
und die nichtguten Menschen sind der Stoff für die Guten.
Wer seine Lehrer nicht werthielte
und seinen Stoff nicht liebte,
der wäre bei allem Wissen in schwerem Irrtum.
Das ist das große Geheimnis.

28. Rückkehr zur Einfalt

Wer seine Mannheit kennt
und seine Weibheit wahrt,
der ist die Schlucht der Welt.
Ist er die Schlucht der Welt,
so verläßt ihn nicht das ewige LEBEN,
und er wird wieder wie ein Kind.

Wer seine Reinheit kennt
und seine Schwäche wahrt,
ist Vorbild für die Welt.
Ist Vorbild er der Welt,
so weicht von ihm nicht das ewige LEBEN,
und er kehrt wieder zum Ungewordenen um.

Wer seine Ehre kennt
und seine Schmach bewahrt,
der ist das Tal der Welt.
Ist er das Tal der Welt,
so hat er Genüge am ewigen LEBEN,
und er kehrt zurück zur Einfalt.

Ist die Einfalt zerstreut, so gibt es »brauchbare« Menschen.
Übt der Berufene sie aus, so wird er der Herr der Beamten.
Darum: Großartige Gestaltung
bedarf nicht des Beschneidens.

29. Vom Nichthandeln

Die Welt erobern und behandeln wollen,
ich habe erlebt, daß das mißlingt.
Die Welt ist ein geistiges Ding,
das man nicht behandeln darf.
Wer sie behandelt, verdirbt sie,
wer sie festhalten will, verliert sie.
Die Dinge gehen bald voran, bald folgen sie,
bald hauchen sie warm, bald blasen sie kalt,
bald sind sie stark, bald sind sie dünn,
bald schwimmen sie oben, bald stürzen sie
Darum meidet der Berufene
das Zusehr, das Zuviel, das Zugroß.

30. Warnung vor dem Krieg

Wer im rechten SINN einem Menschenherrscher hilft,
vergewaltigt nicht durch Waffen die Welt,
denn die Handlungen kommen auf das eigene Haupt zurück.
Wo die Heere geweilt haben, wachsen Disteln und Dornen.
Hinter den Kämpfen her kommen immer Hungerjahre.
Darum sucht der Tüchtige nur Entscheidung, nichts weiter;
er wagt nicht, durch Gewalt zu erobern.
Entscheidung, ohne sich zu brüsten,
Entscheidung, ohne sich zu rühmen,
Entscheidung, ohne stolz zu sein,
Entscheidung, weil's nicht anders geht,
Entscheidung, ferne von Gewalt.

31. Die Waffen nieder

Waffen sind unheilvolle Geräte,
alle Wesen hassen sie wohl.
Darum will der, der den rechten SINN hat,
nichts von ihnen wissen.
Der Edle in seinem gewöhnlichen Leben
achtet die Linke als Ehrenplatz.
Beim Waffenhandwerk ist die Rechte der Ehrenplatz.
Die Waffen sind unheilvolle Geräte,
nicht Geräte für den Edlen.
Nur wenn er nicht anders kann, gebraucht er sie,
Ruhe und Frieden sind ihm das Höchste.
Er siegt, aber er freut sich nicht daran.
Wer sich daran freuen wollte,
würde sich ja des Menschenmordes freuen.
Wer sich des Menschenmordes freuen wollte,
kann nicht sein Ziel erreichen in der Welt.
Bei Glücksfällen achtet man die Linke als Ehrenplatz.
Bei Unglücksfällen achtet man die Rechte .als Ehrenplatz.
Der Unterfeldherr steht zur Linken,
der Oberführer steht zur Rechten.
Das heißt, er nimmt seinen Platz ein
nach dem Brauch der Trauerfeiern.
Menschen töten in großer Zahl,
das soll man beklagen mit Tränen des Mitleids.
Wer im Kampfe gesiegt,
der soll wie bei einer Trauerfeier weilen.

32. Das Leben der Berufenen

Der SINN als Ewiger ist namenlose Einfalt.
Obwohl klein,
wagt die Welt ihn nicht zum Diener zu machen.
Wenn Fürsten und Könige ihn so wahren könnten,
so würden alle Dinge sich als Gäste einstellen.
Himmel und Erde würden sich vereinen,
um süßen Tau zu träufeln.
Das Volk würde ohne Befehle
von selbst ins Gleichgewicht kommen.
Wenn die Gestaltung beginnt,
dann erst gibt es Namen.
Die Namen erreichen auch das Sein,
und man weiß auch noch, wo haltzumachen ist.
Weiß man, wo haltzumachen ist,
so kommt man nicht in Gefahr.
Man kann das Verhältnis des SINNS zur Welt vergleichen
mit den Bergbächen und Talwassern,
die sich in Ströme und Meere ergießen.

33. Unterschiede des Wesens

Wer andre kennt, ist klug.
Wer sich selber kennt, ist weise.
Wer andere besiegt, hat Kraft.
Wer sich selber besiegt, ist stark.
Wer sich durchsetzt, hat Willen.
Wer sich genügen läßt, ist reich.
Wer seinen Platz nicht verliert, hat Dauer.
Wer auch im Tode nicht untergeht, der lebt.

34. Die Aufgabe der Vollendung

Der große SINN ist überströmend;
er kann zur Rechten sein und zur Linken.
Alle Dinge verdanken ihm ihr Dasein,
und er verweigert sich ihnen nicht.
Ist das Werk vollbracht,
so heißt er es nicht seinen Besitz.
Er kleidet und nährt alle Dinge
und spielt nicht ihren Herrn.
Sofern er ewig nicht begehrend ist,
kann man ihn als klein bezeichnen.
Sofern alle Dinge von ihm abhängen,
ohne ihn als Herrn zu kennen,
kann man ihn als groß bezeichnen.

Also auch der Berufene:
Niemals macht er sich groß;
darum bringt er sein Großes Werk zustande.

35. Das Leben der Liebe

Wer festhält das große Urbild,
zu dem kommt die Welt.
Sie kommt und wird nicht verletzt,
in Ruhe, Gleichheit und Seligkeit.

Musik und Köder:
Sie machen wohl den Wanderer auf seinem Wege anhalten.
Der SINN geht aus dem Munde hervor,
milde und ohne Geschmack.
Du blickst nach ihm und siehst nichts Sonderliches.
Du horchst nach ihm und hörst nichts Sonderliches.
Du handelst nach ihm und findest kein Ende.

36. Geheime Erleuchtung

Was du zusammendrücken willst,
das mußt du erst richtig sich ausdehnen lassen.
Was du schwächen willst,
das mußt du erst richtig stark werden lassen.
Was du vernichten willst,
das mußt du erst richtig aufblühen lassen.
Wem du nehmen willst,
dem mußt du erst richtig geben.
Das heißt Klarheit über das Unsichtbare.
Das Weiche siegt über das Harte.
Das Schwache siegt über das Starke.
Den Fisch darf man nicht der Tiefe entnehmen.
Des Reiches Förderungsmittel
darf man nicht den Leuten zeigen.

37. Ausübung der Herrschaft

Der SINN ist ewig ohne Machen,
und nichts bleibt ungemacht.
Wenn Fürsten und Könige ihn zu wahren verstehen,
so werden alle Dinge sich von selber gestalten.
Gestalten sie sich und es erheben sich die Begierden,
so würde ich sie bannen durch namenlose Einfalt.
Namenlose Einfalt bewirkt Wunschlosigkeit.
Wunschlosigkeit macht still,
und die Welt wird von selber recht.

Zweiter Teil
Das Leben

38. Über das Leben

Wer das LEBEN hochhält, weiß nichts vom Leben;
darum hat er LEBEN.
Wer das LEBEN nicht hochhält,
sucht das LEBEN nicht zu verlieren;
darum hat er kein LEBEN.
Wer das LEBEN hochhält,
handelt nicht und hat keine Absichten.
Wer das LEBEN nicht hochhält,
handelt und hat Absichten.
Wer die Liebe hochhält, handelt, aber hat keine Absichten.
Wer die Gerechtigkeit hochhält, handelt und hat Absichten.
Wer die Sitte hochhält, handelt,
und wenn ihm jemand nicht erwidert,
so fuchtelt er mit den Armen und holt ihn heran.
Darum: Ist der SINN verloren, dann das LEBEN.
Ist das LEBEN verloren, dann die Liebe.
Ist die Liebe verloren, dann die Gerechtigkeit.
Ist die Gerechtigkeit verloren, dann die Sitte.
Die Sitte ist Treu und Glaubens Dürftigkeit
und der Verwirrung Anfang.
Vorherwissen ist des SINNES Schein
und der Torheit Beginn.
Darum bleibt der rechte Mann beim Völligen
und nicht beim Dürftigen.
Er wohnt im Sein und nicht im Schein.
Er tut das andere ab und hält sich an dieses.

39. Die Wurzel des Gesetzes

Die einst das Eine erlangten:

Der Himmel erlangte das Eine und wurde rein.
Die Erde erlangte das Eine und wurde fest.
Die Götter erlangten das Eine und wurden mächtig.
Das Tal erlangte das Eine und erfüllte sich.
Alle Dinge erlangten das Eine und entstanden.
Könige und Fürsten erlangten das Eine
und wurden das Vorbild der Welt.
Das alles ist durch das Eine bewirkt.
Wäre der Himmel nicht rein dadurch, so müßte er bersten.
Wäre die Erde nicht fest dadurch, so müßte sie wanken.
Wären die Götter nicht mächtig dadurch,
so müßten sie erstarren.
Wäre das Tal nicht erfüllt dadurch,
so müßte es sich erschöpfen.
Wären alle Dinge nicht erstanden dadurch,
so müßten sie erlöschen.
Wären die Könige und Fürsten nicht erhaben dadurch,
so müßten sie stürzen.

Darum: Das Edle hat das Geringe zur Wurzel.
Das Hohe hat das Niedrige zur Grundlage.
Also auch die Fürsten und Könige:
Sie nennen sich: »Einsam«, »Verwaist«, »Wenigkeit«.
Dadurch bezeichnen sie das Geringe als ihre Wurzel.
Oder ist es nicht so?
Denn: Ohne die einzelnen Bestandteile eines Wagens
gibt es keinen Wagen.
Wünsche nicht das glänzende Gleißen des Juwels,
sondern die rohe Rauheit des Steins.

40. Wirkungsart des Zurückgehens

Rückkehr ist die Bewegung des SINNS.
Schwachheit ist die Wirkung des SINNS.
Alle Dinge unter dem Himmel entstehen im Sein.
Das Sein entsteht im Nichtsein.

41. Gleichheit und Unterschied

Wenn ein Weiser höchster Art vom SINN hört,
so ist er eifrig und tut danach.
Wenn ein Weiser mittlerer Art vom SINN hört,
so glaubt er halb, halb zweifelt er.
Wenn ein Weiser niedriger Art vom SINN hört,
so lacht er laut darüber.
Wenn er nicht laut lacht,
so war es noch nicht der eigentliche SINN.

Darum hat ein Spruchdichter die Worte:
»Der klare SINN erscheint dunkel.
Der SINN des Fortschritts erscheint als Rückzug.
Das höchste LEBEN erscheint als Tal.
Der ebene SINN erscheint rauh.
Die höchste Reinheit erscheint als Schmach.
Das weite LEBEN erscheint als ungenügend.
Das starke LEBEN erscheint verstohlen.
Das wahre Wesen erscheint veränderlich.
Das große Geviert hat keine Ecken.
Das große Gerät wird spät vollendet.
Der große Ton hat unhörbaren Laut.
Das große Bild hat keine Form.«

Der SINN in seiner Verborgenheit ist ohne Namen.
Und doch ist gerade der SINN gut
im Spenden und Vollenden.

42. Die Wandlungen des Sinns

Der SINN erzeugt die Eins.
Die Eins erzeugt die Zwei.
Die Zwei erzeugt die Drei.
Die Drei erzeugt alle Dinge.
Alle Dinge haben im Rücken das Dunkle
und streben nach dem Licht,
und die strömende Kraft gibt ihnen Harmonie.

Was die Menschen hassen,
ist Verlassenheit, Einsamkeit, Wenigkeit.
Und doch wählen Fürsten und Könige
sie zu ihrer Selbstbezeichnung.
Denn die Dinge werden
entweder durch Verringerung vermehrt
oder durch Vermehrung verringert.
Was andre lehren, lehre ich auch:
»Die Starken sterben nicht eines natürlichen Todes«.
Das will ich zum Ausgangspunkt meiner Lehre machen.

43. Ungehemmte Wirkung

Das Allerweichste auf Erden
überholt das Allerhärteste auf Erden.
Das Nichtseiende dringt auch noch ein in das,
was keinen Zwischenraum hat.
Daran erkennt man den Wert des Nicht-Handelns.
Die Belehrung ohne Worte, den Wert des Nicht-Handelns
erreichen nur wenige auf Erden.

44. Warnung

Der Name oder die Person:
was steht näher?
Die Person oder der Besitz:
was ist mehr?
Gewinnen oder verlieren:
was ist schlimmer?

Nun aber:
Wer sein Herz an andres hängt,
verbraucht notwendig Großes.
Wer viel sammelt,
verliert notwendig Wichtiges.
Wer sich genügen lässet,
kommt nicht in Schande.
Wer Einhalt zu tun weiß,
kommt nicht in Gefahr
und kann so ewig dauern.

45. Überströmendes Leben

Große Vollendung muß wie unzulänglich erscheinen,
so wird sie unendlich in ihrer Wirkung.
Große Fülle muß wie strömend erscheinen,
so wird sie unerschöpflich in ihrer Wirkung.
Große Geradheit muß wie krumm erscheinen.
Große Begabung muß wie dumm erscheinen.
Große Beredsamkeit muß wie stumm erscheinen.
Bewegung überwindet die Kälte.
Stille überwindet die Hitze.
Reinheit und Stille sind der Welt Richtmaß.

46. Mäßigung der Begierden

Wenn der SINN herrscht auf Erden,
so tut man die Rennpferde ab zum Dungführen.
Wenn der SINN abhanden ist auf Erden,
so werden Kriegsrosse gezüchtet auf dem Anger.
Es gibt keine größere Sünde als viele Wünsche.
Es gibt kein größeres Übel als kein Genüge kennen.
Es gibt keinen größeren Fehler als haben wollen.

Darum:
Das Genügen der Genügsamkeit ist dauerndes Genügen.

47. Fernschau

Ohne aus der Tür zu gehen,
kennt man die Welt.
Ohne aus dem Fenster zu schauen,
sieht man den SINN des Himmels.
Je weiter einer hinausgeht,
desto geringer wird sein Wissen.

Darum braucht der Berufene nicht zu gehen
und weiß doch alles.
Er braucht nicht zu sehen
und ist doch klar.
Er braucht nichts zu machen
und vollendet doch.

48. Vergessen des Erkennens

Wer das Lernen übt, vermehrt täglich.
Wer den SINN übt, vermindert täglich.
Er vermindert und vermindert,
bis er schließlich ankommt beim Nichtsmachen.
Beim Nichtsmachen bleibt nichts ungemacht.
Das Reich erlangen kann man nur,
wenn man immer frei bleibt von Geschäftigkeit.
Die Vielbeschäftigten sind nicht geschickt,
das Reich zu erlangen.

49. Das Wesen der Nachgiebigkeit

Der Berufene hat kein eigenes Herz.
Er macht das Herz der Leute zu seinem Herzen.
Zu den Guten bin ich gut,
zu den Nichtguten bin ich auch gut;
denn das LEBEN ist die Güte.
Zu den Treuen bin ich treu,
zu den Untreuen bin ich auch treu;
denn das LEBEN ist die Treue.
Der Berufene lebt in der Welt ganz still
und macht sein Herz für die Welt weit.
Die Leute alle blicken und horchen nach ihm.
Und der Berufene nimmt sie alle an als seine Kinder.

50. Die enge Pforte des Lebens

Ausgehen ist Leben, eingehen ist Tod.
Gesellen des Lebens gibt es drei unter zehn,
Gesellen des Todes gibt es drei unter zehn.
Menschen, die leben
und dabei sich auf den Ort des Todes zubewegen,
gibt es auch drei unter zehn.
Was ist der Grund davon?
Weil sie ihres Lebens Steigerung erzeugen wollen.
Ich habe wohl gehört, wer gut das Leben zu führen weiß,
der wandert über Land
und trifft nicht Nashorn noch Tiger.
Er schreitet durch ein Heer
und meidet nicht Panzer und Waffen.
Das Nashorn findet nichts, worein es sein Horn bohren kann.
Der Tiger findet nichts,
darein er seine Krallen schlagen kann.
Die Waffe findet nichts, das ihre Schärfe aufnehmen kann.
Warum das?
Weil er keine sterbliche Stelle hat.

51. Pflege des Lebens

Der SINN erzeugt.
Das LEBEN nährt.
Die Umgebung gestaltet.
Die Einflüsse vollenden.
Darum ehren alle Wesen den SINN
und schätzen das LEBEN.
Der SINN wird geehrt,
das LEBEN wird geschätzt
ohne äußere Ernennung, ganz von selbst.

Also: der SINN erzeugt, das LEBEN nährt,
läßt wachsen, pflegt,
vollendet, hält,
bedeckt und schirmt.

52. Rückkehr zum Ursprung

Die Welt hat einen Anfang,
das ist die Mutter der Welt.
Wer die Mutter findet,
um ihre Söhne zu kennen,
wer ihre Söhne kennt
und sich wieder zur Mutter wendet,
der kommt sein Leben lang nicht in Gefahr.
Wer seinen Mund schließt
und seine Pforten zumacht,
der kommt sein Leben lang nicht in Mühen.
Wer seinen Mund auftut
und seine Geschäfte in Ordnung bringen will,
dem ist sein Leben lang nicht zu helfen.
Das Kleinste sehen heißt klar sein.
Die Weisheit wahren heißt stark sein.
Wenn man sein Licht benützt,
um zu dieser Klarheit zurückzukehren,
so bringt man seine Person nicht in Gefahr.
Das heißt die Hülle der Ewigkeit.

53. Beweis des Überflusses

Wenn ich wirklich weiß, was es heißt,
im großen SINN zu leben,
so ist es vor allem die Geschäftigkeit,
die ich fürchte.
Wo die großen Straßen schön und eben sind,
aber das Volk Seitenwege liebt;
wo die Hofgesetze streng sind,
aber die Felder voll Unkraut stehen;
wo die Scheunen ganz leer sind,
aber die Kleidung schmuck und prächtig ist;
wo jeder ein scharfes Schwert im Gürtel trägt;
wo man heikel ist im Essen und Trinken
und Güter im Überfluß sind:
da herrscht Verwirrung, nicht Regierung.

54. Pflege des Schauens

Was gut gepflanzt ist, wird nicht ausgerissen.
Was gut festgehalten wird, wird nicht entgehen.
Wer sein Gedächtnis Söhnen und Enkeln hinterläßt,
hört nicht auf.
Wer seine Person gestaltet, dessen Leben wird wahr.
Wer seine Familie gestaltet, dessen Leben wird völlig.
Wer seine Gemeinde gestaltet, dessen Leben wird wachsen.
Wer sein Land gestaltet, dessen Leben wird reich.
Wer die Welt gestaltet, dessen Leben wird weit.

Darum: Nach deiner Person beurteile die Person des andern.
Nach deiner Familie beurteile die Familie der andern.
Nach deiner Gemeinde beurteile die Gemeinde der andern.
Nach deinem Land beurteile das Land der andern.
Nach deiner Welt beurteile die Welt der andern.
Wie weiß ich die Beschaffenheit der Welt?
Eben durch dies.

55. Geheimnisvoller Zauber

Wer festhält des LEBENS Völligkeit,
der gleicht einem neugeborenen Kindlein:
Giftige Schlangen stechen es nicht.
Reißende Tiere packen es nicht.
Raubvögel stoßen nicht nach ihm.
Seine Knochen sind schwach, seine Sehnen weich,
und doch kann es fest zugreifen.
Es weiß noch nichts von Mann und Weib,
und doch regt sich sein Blut,
weil es des Samens Fülle hat.
Es kann den ganzen Tag schreien,
und doch wird seine Stimme nicht heiser,
weil es des Friedens Fülle hat.
Den Frieden erkennen heißt ewig sein.
Die Ewigkeit erkennen heißt klar sein.
Das Leben mehren nennt man Glück.
Für sein Begehren seine Kraft einsetzen nennt man stark.
Sind die Dinge stark geworden, altern sie.
Denn das ist Wider-SINN.
Und Wider-SINN ist nahe dem Ende.

56. Verborgenes Leben

Der Wissende redet nicht.
Der Redende weiß nicht.
Man muß seinen Mund schließen
und seine Pforten zumachen,
seinen Scharfsinn abstumpfen,
seine wirren Gedanken auflösen,
sein Licht mäßigen,
sein Irdisches gemeinsam machen.
Das heißt verborgene Gemeinsamkeit (mit dem SINN).
Wer die hat, den kann man nicht beeinflussen durch Liebe
und kann ihn nicht beeinflussen durch Kälte.
Man kann ihn nicht beeinflussen durch Gewinn
und kann ihn nicht beeinflussen durch Schaden.
Man kann ihn nicht beeinflussen durch Herrlichkeit
und kann ihn nicht beeinflussen durch Niedrigkeit.
Darum ist er der Herrlichste auf Erden.

57. Der echte Einfluß

Zur Leitung des Staates braucht man Regierungskunst,
zum Waffenhandwerk braucht man
außerordentliche Begabung.
Um aber die Welt zu gewinnen,
muß man frei sein von Geschäftigkeit.
Woher weiß ich, daß es also mit der Welt steht?
Je mehr es Dinge in der Welt gibt, die man nicht tun darf,
desto mehr verarmt das Volk.
Je mehr die Menschen scharfe Geräte haben,
desto mehr kommen Haus und Staat ins Verderben.
Je mehr die Leute Kunst und Schlauheit pflegen,
desto mehr erheben sich böse Zeichen.
Je mehr die Gesetze und Befehle prangen,
desto mehr gibt es Diebe und Räuber.

Darum spricht ein Berufener:
Wenn wir nichts machen,
so wandelt sich von selbst das Volk.
Wenn wir die Stille lieben,
so wird das Volk von selber recht.
Wenn wir nichts unternehmen,
so wird das Volk von selber reich.
Wenn wir keine Begierden haben,
so wird das Volk von selber einfältig.

58. Schmiegsame Bekehrung

Wessen Regierung still und unaufdringlich ist,
dessen Volk ist aufrichtig und ehrlich.
Wessen Regierung scharfsinnig und stramm ist,
dessen Volk ist hinterlistig und unzuverlässig.
Das Unglück ist's, worauf das Glück beruht;
das Glück ist es, worauf das Unglück lauert.
Wer erkennt aber, daß es das Höchste ist,
wenn nicht geordnet wird?
Denn sonst verkehrt die Ordnung sich in Wunderlichkeiten,
und das Gute verkehrt sich in Aberglaube.
Und die Tage der Verblendung des Volkes
dauern wahrlich lange.

Also auch der Berufene:
Er ist Vorbild, ohne zu beschneiden,
er ist gewissenhaft, ohne zu verletzen,
er ist echt, ohne Willkürlichkeiten,
er ist licht, ohne zu blenden.

59. Bewahrung des Sinns

Bei der Leitung der Menschen und beim Dienst des Himmels
gibt es nichts Besseres als Beschränkung.
Denn nur durch Beschränkung
kann man frühzeitig die Dinge behandeln.
Durch frühzeitiges Behandeln der Dinge
sammelt man doppelt die Kräfte des LEBENS.
Durch diese verdoppelten Kräfte des LEBENS
ist man jeder Lage gewachsen.
Ist man jeder Lage gewachsen,
so kennt niemand unsere Grenzen.
Wenn niemand unsere Grenzen kennt,
können wir die Welt besitzen.
Besitzt man die Mutter der Welt,
so gewinnt man ewige Dauer.
Das ist der SINN der tiefen Wurzel,
des ewigen Daseins
des festen Grundes,
und des dauernden Schauens.

60. Ausübung der Herrschaft

Ein großes Land muß man leiten,
wie man kleine Fischlein brät.
Wenn man die Welt verwaltet nach dem SINN,
dann gehen die Abgeschiedenen nicht als Geister um.
Nicht, daß die Abgeschiedenen keine Geister wären,
doch ihre Geister schaden den Menschen nicht.
Nicht nur die Geister schaden den Menschen nicht:
auch der Berufene schadet ihnen nicht.
Wenn nun diese beiden Mächte einander nicht verletzen,
so vereinigen sich ihre LEBENSkräfte in ihrer Wirkung.

61. Leben der Demut

Indem ein großes Reich sich stromabwärts hält,
wird es die Vereinigung der Welt.
Es ist das Weibliche der Welt.
Das Weibliche siegt immer
durch seine Stille über das Männliche.
Durch seine Stille hält es sich unten.
Wenn so das große Reich sich unter das kleine stellt,
so gewinnt es dadurch das kleine Reich.
Wenn das kleine Reich sich unter das große stellt,
so wird es dadurch von dem großen Reich gewonnen.
So wird das eine dadurch, daß es sich unten hält, gewinnen,
und das andere dadurch, daß es sich unten hält, gewonnen.
Das große Reich will nichts anderes
als die Menschen vereinigen und nähren.
Das kleine Reich will nichts anderes
als sich beteiligen am Dienst der Menschen.
So erreicht jedes, was es will;
aber das große muß unten bleiben.

62. Verwirklichung des Sinns

Der SINN ist aller Dinge Heimat,
der guten Menschen Schatz,
der nichtguten Menschen Schutz.
Mit schönen Worten kann man zu Markte gehen.
Mit ehrenhaftem Wandel
kann man sich vor ändern hervortun.
Aber die Nichtguten unter den Menschen,
warum sollte man die wegwerfen?
Darum ist der Herrscher eingesetzt,
und die Fürsten haben ihr Amt.
Ob man auch Zepter von Juwelen hätte,
um sie im feierlichen Viererzug zu übersenden,
nicht kommt das der Gabe gleich,
wenn man diesen SINN
auf seinen Knien dem Herrscher darbringt.
Warum hielten die Alten diesen SINN so wert?
Ist es nicht deshalb, daß es von ihm heißt:
»Wer bittet, der empfängt;
wer Sünden hat, dem werden sie vergeben«?
Darum ist er das Köstlichste auf Erden.

63. Denken beim Anfang

Wer das Nichthandeln übt,
sich mit Beschäftigungslosigkeit beschäftigt,
Geschmack findet an dem, was nicht schmeckt:
der sieht das Große im Kleinen und das Viele im Wenigen.
Er vergilt Groll durch LEBEN.
Plane das Schwierige da, wo es noch leicht ist!
Tue das Große da, wo es noch klein ist!
Alles Schwere auf Erden beginnt stets als Leichtes.
Alles Große auf Erden beginnt stets als Kleines.

Darum: Tut der Berufene nie etwas Großes,
so kann er seine großen Taten vollenden.
Wer leicht verspricht,
hält sicher selten Wort.
Wer vieles leicht nimmt,
hat sicher viele Schwierigkeiten.
Darum: Bedenkt der Berufene die Schwierigkeiten,
so hat er nie Schwierigkeiten.

64. Achtung aufs Geringe

Was noch ruhig ist, läßt sich leicht ergreifen.
Was noch nicht hervortritt, läßt sich leicht bedenken.
Was noch zart ist, läßt sich leicht zerbrechen.
Was noch klein ist, läßt sich leicht zerstreuen.
Man muß wirken auf das, was noch nicht da ist.
Man muß ordnen, was noch nicht in Verwirrung ist.
Ein Baum von einem Klafter Umfang
entsteht aus einem haarfeinen Hälmchen.
Ein neun Stufen hoher Turm
entsteht aus einem Häufchen Erde.
Eine tausend Meilen weite Reise
beginnt vor deinen Füßen.
Wer handelt, verdirbt es.
Wer festhält, verliert es.

Also auch der Berufene:
Er handelt nicht, so verdirbt er nichts.
Er hält nicht fest, so verliert er nichts.
Die Leute gehen an ihre Sachen,
und immer wenn sie fast fertig sind,
so verderben sie es.
Das Ende ebenso in acht nehmen wie den Anfang,
dann gibt es keine verdorbenen Sachen.

Also auch der Berufene:
Er wünscht Wunschlosigkeit.
Er hält nicht wert schwer zu erlangende Güter.
Er lernt das Nichtlernen.
Er wendet sich zu dem zurück, an dem die Menge vorübergeht.
Dadurch fördert er den natürlichen Lauf der Dinge
und wagt nicht zu handeln.

65. Reines Leben

Die vor alters tüchtig waren
im Walten nach dem SINN,
taten es nicht durch Aufklärung des Volkes,
sondern dadurch, daß sie das Volk töricht hielten.
Daß das Volk schwer zu leiten ist,
kommt daher, daß es zuviel weiß.

Darum: Wer durch Wissen den Staat leitet,
ist der Räuber des Staats.
Wer nicht durch Wissen den Staat leitet,
ist das Glück des Staats.
Wer diese beiden Dinge weiß, der hat ein Ideal.
Immer dies Ideal zu kennen, ist verborgenes LEBEN.
Verborgenes LEBEN ist tief, weitreichend,
anders als alle Dinge;
aber zuletzt bewirkt es das große Gelingen.

66. Selbstverleugnung

Daß Ströme und Meere Könige aller Bäche sind,
kommt daher, daß sie sich gut unten halten können.
Darum sind sie die Könige aller Bäche.

Also auch der Berufene:
Wenn er über seinen Leuten stehen will,
so stellt er sich in seinem Reden unter sie.
Wenn er seinen Leuten voran sein will,
so stellt er sich in seiner Person hintan.
Also auch:
Er weilt in der Höhe,
und die Leute werden durch ihn nicht belastet.
Er weilt am ersten Platze,
und die Leute werden von ihm nicht verletzt.
Also auch:
Die ganze Welt ist willig, ihn voranzubringen,
und wird nicht unwillig.
Weil er nicht streitet,
kann niemand auf der Welt mit ihm streiten.

67. Die drei Schätze

Alle Welt sagt, mein SINN sei zwar groß,
aber sozusagen unbrauchbar.
Gerade weil er groß ist,
deshalb ist er sozusagen unbrauchbar.
Wenn er brauchbar wäre,
so wäre er längst klein geworden.
Ich habe drei Schätze,
die ich schätze und wahre.
Der eine heißt: die Liebe;
der zweite heißt: die Genügsamkeit;
der dritte heißt: nicht wagen, in der Welt voranzustehen.
Durch Liebe kann man mutig sein,
durch Genügsamkeit kann man weitherzig sein.
Wenn man nicht wagt, in der Welt voranzustehen,
kann man das Haupt der fertigen Menschen sein.
Wenn man nun ohne Liebe mutig sein will,
wenn man ohne Genügsamkeit weitherzig sein will,
wenn man ohne zurückzustehen vorankommen will:
das ist der Tod.
Wenn man Liebe hat im Kampf,
so siegt man.
Wenn man sie hat bei der Verteidigung,
so ist man unüberwindlich.
Wen der Himmel retten will,
den schützt er durch die Liebe.

68. Gemeinsamkeit mit dem Himmel

Wer gut zu führen weiß,
ist nicht kriegerisch.
Wer gut zu kämpfen weiß,
ist nicht zornig.
Wer gut die Feinde zu besiegen weiß,
kämpft nicht mit ihnen.
Wer gut die Menschen zu gebrauchen weiß,
der hält sich unten.
Das ist das LEBEN, das nicht streitet;
das ist die Kraft, die Menschen zu gebrauchen;
das ist der Pol, der bis zum Himmel reicht.

69. Entfaltung des Geheimnisses

Bei den Soldaten gibt es ein Wort:
Ich wage nicht, den Herrn zu machen,
sondern mache lieber den Gast.
Ich wage nicht, einen Zoll vorzurücken,
sondern ziehe mich lieber einen Fuß zurück.
Das heißt gehen ohne Beine,
fechten ohne Arme,
werfen, ohne anzugreifen,
halten, ohne die Waffen zu gebrauchen.

Es gibt kein größeres Unglück,
als den Feind zu unterschätzen.
Wenn ich den Feind unterschätze,
stehe ich in Gefahr, meine Schätze zu verlieren.
Wo zwei Armeen kämpfend aufeinanderstoßen,
da siegt der, der es schweren Herzens tut.

70. Schwierigkeit des Verstandenwerdens

Meine Worte sind sehr leicht zu verstehen,
sehr leicht auszuführen.
Aber niemand auf Erden kann sie verstehen,
kann sie ausführen.
Die Worte haben einen Ahn.
Die Taten haben einen Herrn,
Weil man die nicht versteht,
versteht man mich nicht.
Eben daß ich so selten verstanden werde,
darauf beruht mein Wert.
Darum geht der Berufene im härenen Gewand:
aber im Busen birgt er ein Juwel.

71. Erkenntnis des Leidens

Die Nichtwissenheit wissen
ist das Höchste.
Nicht wissen, was Wissen ist,
ist ein Leiden.
Nur wenn man unter diesem Leiden leidet,
wird man frei von Leiden.
Daß der Berufene nicht leidet,
kommt daher, daß er an diesem Leiden leidet;
darum leidet er nicht.

72. Selbstliebe

Wenn die Leute das Schreckliche nicht fürchten,
dann kommt der große Schrecken.
Macht nicht eng ihre Wohnung
und nicht verdrießlich ihr Leben.
Denn nur dadurch, daß sie nicht in der Enge leben,
wird ihr Leben nicht verdrießlich.

Also auch der Berufene:
Er erkennt sich selbst, aber er will nicht scheinen.
Er liebt sich selbst, aber er sucht nicht Ehre für sich.
Er entfernt das andere und nimmt dieses.

73. Nachgiebigkeit im Wirken

Wer Mut zeigt in Waghalsigkeiten,
der kommt um.
Wer Mut zeigt, ohne waghalsig zu sein,
der bleibt am Leben.
Von diesen beiden hat die eine Art Gewinn,
die andre Schaden.
Wer aber weiß den Grund davon,
daß der Himmel einen haßt?

Also auch der Berufene:
Er sieht die Schwierigkeiten.

Des Himmels SINN streitet nicht
und ist doch gut im Siegen.
Er redet nicht
und findet doch gute Antwort.
Er winkt nicht,
und es kommt doch alles von selbst.
Er ist gelassen
und ist doch gut im Planen.
Des Himmels Netz ist ganz weitmaschig,
aber es verliert nichts.

74. Einschränkung des Selbstbetrugs

Wenn die Leute den Tod nicht scheuen,
wie will man sie denn mit dem Tode einschüchtern?
Wenn ich aber die Leute
beständig in Furcht vor dem Tode halte,
und wenn einer Wunderliches treibt,
soll ich ihn ergreifen und töten?
Wer traut sich das?
Es gibt immer eine Todesmacht, die tötet.
Anstelle dieser Todesmacht zu töten, das ist,
wie wenn man anstelle eines Zimmermanns
die Axt führen wollte.
Wer statt des Zimmermanns
die Axt führen wollte,
kommt selten davon,
ohne daß er sich die Hand verletzt.

75. Der Schaden der Gier

Daß das Volk hungert,
kommt davon her,
daß seine Oberen zu viele Steuern fressen;
darum hungert es.
Daß das Volk schwer zu leiten ist,
kommt davon her,
daß seine Oberen zu viel machen;
darum ist es schwer zu leiten.
Daß das Volk den Tod zu leicht nimmt,
kommt davon her,
daß seine Oberen des Lebens Fülle zu reichlich suchen;
darum nimmt es den Tod zu leicht.
Wer aber nicht um des Lebens Willen handelt,
der ist besser als der, dem das Leben teuer ist.

76. Warnung vor der Stärke

Der Mensch, wenn er ins Leben tritt,
ist weich und schwach,
und wenn er stirbt,
so ist er hart und stark.
Die Pflanzen, wenn sie ins Leben treten,
sind weich und zart,
und wenn sie sterben,
sind sie dürr und starr.
Darum sind die Harten und Starken
Gesellen des Todes,
die Weichen und Schwachen
Gesellen des Lebens.

Darum:
Sind die Waffen stark, so siegen sie nicht.
Sind die Bäume stark, so werden sie gefällt.
Das Starke und Große ist unten.
Das Weiche und Schwache ist oben.

77. Des Himmels Sinn

Des Himmels SINN, wie gleicht er dem Bogenspanner!
Das Hohe drückt er nieder,
das Tiefe erhöht er.
Was zuviel hat, verringert er,
was nicht genug hat, ergänzt er.
Des Himmels SINN ist es,
was zuviel hat, zu verringern, was nicht genug hat, zu ergänzen.
Des Menschen Sinn ist nicht also.
Er verringert, was nicht genug hat,
um es darzubringen dem, das zuviel hat.
Wer aber ist imstande, das,
was er zuviel hat, der Welt darzubringen?
Nur der, so den SINN hat.

Also auch der Berufene:
Erwirkt und behält nicht.
Ist das Werk vollbracht, so verharrt er nicht dabei.
Er wünscht nicht, seine Bedeutung vor ändern zu zeigen.

78. Was man dem Glauben überlassen muß

Auf der ganzen Welt
gibt es nichts Weicheres und Schwächeres als das Wasser.
Und doch in der Art, wie es dem Harten zusetzt,
kommt nichts ihm gleich.
Es kann durch nichts verändert werden.
Daß Schwaches das Starke besiegt
und Weiches das Harte besiegt,
weiß jedermann auf Erden,
aber niemand vermag danach zu handeln.

Also auch hat ein Berufener gesagt:
»Wer den Schmutz des Reiches auf sich nimmt,
der ist der Herr bei Erdopfern.
Wer das Unglück des Reiches auf sich nimmt,
der ist der König der Welt.«
Wahre Worte sind wie umgekehrt.

79. Festhalten an der Verpflichtung

Versöhnt man großen Groll,
und es bleibt noch Groll übrig,
wie wäre das gut?
Darum hält der Berufene sich an seine Pflicht
und verlangt nichts von anderen.

Darum: Wer LEBEN hat,
hält sich an seine Pflicht,
wer kein LEBEN hat,
hält sich an sein Recht.

80. Selbständigkeit

Ein Land mag klein sein
und seine Bewohner wenig.
Geräte, die der Menschen Kraft vervielfältigen,
lasse man nicht gebrauchen.
Man lasse das Volk den Tod wichtig nehmen
und nicht in die Ferne reisen.
Ob auch Schiffe und Wagen vorhanden wären,
sei niemand, der darin fahre.
Ob auch Panzer und Waffen da wären,
sei niemand, der sie entfalte.
Man lasse das Volk wieder Stricke knoten
und sie gebrauchen statt der Schrift.
Mach süß seine Speise
und schön seine Kleidung,
friedlich seine Wohnung
und fröhlich seine Sitten.
Nachbarländer mögen in Sehweite liegen,
daß man den Ruf der Hähne und Hunde
gegenseitig hören kann:
und doch sollen die Leute im höchsten Alter sterben,
ohne hin und her gereist zu sein.

81. Entfaltung des Wesentlichen

Wahre Worte sind nicht schön,
schöne Worte sind nicht wahr.
Tüchtigkeit überredet nicht,
Überredung ist nicht tüchtig.
Der Weise ist nicht gelehrt,
der Gelehrte ist nicht weise.
Der Berufene häuft keinen Besitz auf.
je mehr er für andere tut,
desto mehr besitzt er.
je mehr er anderen gibt,
desto mehr hat er.
Des Himmels SINN ist fördern, ohne zu schaden.
Des Berufenen SINN ist wirken, ohne zu streiten.

ERKLÄRUNGEN

Erster Teil

1

Dieser Abschnitt bildet gewissermaßen die theoretische Grundlage des ganzen Werks. Er beginnt mit einer Abgrenzung gegen die übliche rein praktische Anwendung der Begriffe SINN und Name. »Sinn« (bzw. »Weg«; vgl. Einleitung) war in den Zeiten der niedergehenden Dschoudynastie häufig als die Summe der von den alten Königen überlieferten Lehren zur Leitung des Volks verstanden worden. Dieser »Sinn« in seiner historischen Begrenztheit ist nicht das, was Laotse im Auge hat. Sein Begriff (»Name«) ist überzeitlich, daher nicht anwendbar auf irgend etwas empirisch Vorhandenes. Damit verläßt Laotse den Boden des historisch Überlieferten und wendet sich der Spekulation zu.
Hier findet er das Sein in seiner zweifachen Form als absolutes An-und-für-sich-sein (»jenseits des Nennbaren«) und als Dasein (»diesseits des Nennbaren«). Im absoluten Sein in seiner negativen Form ist die Existenzmöglichkeit der Welt (der geistigen = Himmel und der materiellen = Erde) gesetzt, während innerhalb des Daseins die stetige Neugeburt der Einzelwesen sich vollzieht. Dem entsprechend gestaltet sich die Erkenntnis: die Richtung auf das Absolute führt zur Erkenntnis des Jenseitigen (des »Denkens«), die Richtung auf das Dasein führt zur Erkenntnis der räumlichen, ausgebreiteten Welt der Individuation. Diese beiden (»Denken und Sein« würde Spinoza sagen) sind aber nur Attribute des All-Einen, identisch im Wesen und nur verschieden in der Erscheinung. Zur Erklärung dieser Einheit spielt Laotse auf die symbolische Figur des Tai Gi (Uranfang) an, die im alten chinesischen Gedankenleben eine Rolle spielt und namentlich später zu unendlichen Spielereien verwendet wurde, nämlich die bildliche Darstellung des Ineinanderseins von Positivem und Negativem:

wobei die weiße Kreishälfte, die in sich wieder einen schwarzen Kreis mit weißem Punkt hat, das positive, männliche, lichte Prinzip bedeutet, während die entsprechend gestaltete schwarze Hälfte das negative, weibliche, dunkle Prinzip versinnbildlicht. Diese symbolische Figur ist wohl gemeint mit dem großen Geheimnis der Einheit des Seienden und Nichtseienden (= μη ὀν, wie immer bei Laotse, wenn vom »Nichtseienden« die Rede ist). Des Geheimnisses noch tieferes Geheimnis wäre dann das sogenannte Wu Gi (der »Nichtanfang«, noch jenseits des Tai Gi), in dem alle Unterschiede noch ungetrennt durcheinander sind, und das durch einen einfachen Kreis dargestellt zu werden pflegt:

Es ist sozusagen die bloße Möglichkeit des Seins, gewissermaßen das Chaos. Vgl. hierzu Abschnitt 25.
Zum »Tor des SINNS« vgl. Kung, Gespräche VI, 15.

2

Die Erkenntnis des Guten und Bösen ist hier ganz ähnlich wie in Genesis 3 als Anfang des Übels bezeichnet, bei Laotse noch mit der Verallgemeinerung, daß innerhalb der Welt der Erscheinung, da alle Gegensätze sich gegenseitig bedingen, mit der Setzung des Einen sein kontradiktorisches Gegenteil notwendig mit gesetzt ist. Das »Jenseits von Gut und Böse«, das Laotse fordert, ist also von dem Nietzsches sehr wesentlich verschieden.
Interessant ist die Bemerkung des Komm. II, nach der das »Gute« der »Gipfel des Schönen« ist, nichts qualitativ davon Verschiedenes. Es entspricht das durchaus der Terminologie des ganzen Werkes. »Gut« kann meist mit »tüchtig« übersetzt werden. Es ist nichts anderes als das auf das Handeln übertragene Ideal der Wahrheit und Schönheit. Darin berührt sich der alte chinesische Denker mit modernsten Dispositionen der höchsten Ideen.
Mit dem stereotypen Satz: »Also auch der Berufene« pflegt meist die praktische Anwendung einer theoretischen Ausführung gegeben zu werden. Der »Berufene« ist der Mensch in Übereinstimmung mit dem SINN, der »Heilige«, der »Prophet«, der als solcher zugleich zur Herrschaft der Welt berufen ist. Nach chinesischen Quellen würde es sich jedesmal, wo diese Formel vorkommt, um ein Zitat aus einem verlorenen Werk »Fen diën« handeln.
Die Lehre des »Wirkens ohne Handeln«, die das ganze Buch durchzieht, ist hier zum erstenmal ausgesprochen. Der Gedanke ist dem Tolstoischen »Nichtstun« durchaus analog. Es ist das Wirkenlassen der schöpferischen Kräfte im und durch das eigne Ich, ohne selbst etwas von außen her dazu tun zu wollen. Dieser Zug ist zwar im Chinesentum als Ideal

mit enthalten; auch Kung erwähnt ihn als das höchste, vgl. Gespräche Buch XV, 4. Dennoch ist er in dieser konsequenten Durchführung nur bei den »Mystikern« zu finden. In diesem Sinne aber geht er durch alle Zeiten. Vgl. die Stellung Goethes und Spinozas in dieser Hinsicht (Ch. Schrempf, Goethes Lebensanschauung I, pag. 179 ff.). Zeile 5-10, die sich im Urtext reimen, sind vermutlich Zitat aus einer Spruchsammlung älterer Zeit.

3

Zeile 8 f. Das Herz ist Sitz des Begehrens nach äußeren, fremden Dingen. In der chinesischen Aufzählung der 5 Sinne steht »Herz« für Tastsinn, »Gefühl«. Ist das Herz leer, so ist der Mensch nicht durch die Bande der Sehnsucht mit Äußerem verknüpft. Der Leib, die Knochen sind bildliche Ausdrücke für die natürliche Basis des menschlichen Daseins. Deren Bedürfnisse müssen befriedigt werden, damit nicht das Begehren durch Nichtbefriedigung geweckt wird, das sich dann naturgemäß auch auf anderes ausdehnt. »Erkenntnis« im Sinn von äußerem Wissen ist ebenfalls vom Übel; vgl. No. 2.

4

Der Abschnitt bereitet sehr große Schwierigkeiten. Es ist sicher anzunehmen, daß der Text verdorben ist.
Die drei ersten Zeilen lassen sich entweder auf den SINN beziehen. Der SINN ist transzendent, und durch seine Immanenz wird er nicht restlos zur Darstellung gebracht. Dieser transzendent bleibende Rest gibt ihm allen Einzeldingen gegenüber die unendliche Überlegenheit.
Oder aber beziehen sich Zeile 2 und 3 auf den Menschen, der in voller Bedeutung den SINN verkörpert: das Ideal des Menschen überhaupt, das als solches wohl in der Idee vorhanden ist (vgl. Zeile 8), aber nicht mit irgendeiner Einzelerscheinung, selbst der allerhöchsten Art, zusammenfällt. Das Wort »Di«, von Strauß mit der HERR wiedergegeben, bedeutet einerseits die göttlichen Herrscher des höchsten Altertums, andrerseits den als Herrn des Himmels hypostasierten Herrscher, den »Ahn« der jeweiligen Dynastie und höchsten Gott.
Zeile 4-7 finden sich ebenfalls in No. 56.
Zu der überaus schweren Stelle: »Und doch weiß ich nicht, wessen Sohn er ist«, nach anderer Lesart gar »wes Menschen Sohn er ist«, vgl. No. 25, wo es heißt: »Ich weiß seinen Namen nicht«.

5

»Liebe« oder »Sittlichkeit«, der höchste Begriff des Konfuzianismus, wird als unvollkommen abgelehnt, da sie über persönliches Interesse nicht hinauskommt. Das Charakteristische an dem Bild der strohernen

Opferhunde ist, daß alle Wesen entsprechend dem Zweck ihrer Gattung aufs beste ausgestattet sind, während von einem »Ansehen der Person« nicht die Rede sein kann.
Der Raum zwischen Himmel und Erde als Ort der Erzeugung des Lebens ist ein Gedanke, der mit der biblischen »Feste« (Gen. I) Berührung hat. Vgl. den folgenden Abschnitt. Ein chinesischer Blasebalg ist ein festes Gestell, das durch einen im Innern hin- und hergehenden Schieber in Tätigkeit gesetzt wird, ohne seine Gestalt zu ändern.
Die beiden letzten Zeilen deuten an, daß die Intuition, die dem Bild zugrunde liegt, nicht restlos begrifflich ausgedrückt werden kann.

* Bei Opfern wurden Hunde aus Stroh gemacht, die während des Opfers festlich geschmückt, aber nachdem sie ihren Zweck erfüllt hatten, achtlos bei Seite geworfen wurden. Nicht das einzelne Individuum ist das Objekt der Fürsorge der Natur, sondern der Zweck, dem es im Ganzen dient.

6

Der Abschnitt ist in Lië Dsï zitiert als aus dem Buche des »Gelben Kaisers« stammend.
Die »Tiefe«, wörtlich das »Tal«, ist ein Ausdruck, der mehrfach vorkommt; vgl. bes. No. 28, 39. Der Kern der Bedeutung ist der leere Raum zwischen den Bergwänden, nicht das, was wir unter Tal zu denken pflegen. In der übertragenen Bedeutung wie hier und in No. 39 kann man es fast gleichsetzen mit »Materie« als der noch ungestalteten, unsichtbaren, bloßen Möglichkeit zum Sein. »Geist« ist dann das Aktive, Gestaltende. Komm. II bemerkt dazu: »Tiefe heißt es, weil es kein Dasein hat, Geist heißt es, weil es darum doch nicht nicht ist«. Man könnte beinahe übersetzen: »Geist und Materie in ihrer Einheit sind ewig«.
Es ist zu der Stelle übrigens zu bedenken, daß die Geister (Schen) im alten China sehr häufig bei Bergen lokalisiert sind (cfr. Schan-Hai-Ging). Der Brauch, die Opferspenden zu vergraben, läßt auf chthonischen Kult schließen. Heranzuziehen sind hier die grundlegenden Untersuchungen von Chavannes (Le dieu du sol dans l'ancienne religion chinoise). Nach ihm hat im 7. Jahrhundert die Vereinigung der Gottheiten des Bodens (schê) und der Ernte (dsi) zu der weiblich gedachten Erdgottheit (di) stattgefunden. In der vorliegenden Stelle leuchtet diese Herkunft des Begriffs noch deutlich durch. Nur scheint der Umstand, daß der Begriff hier schon philosophisch vertieft ist, auf einen weiteren Abstand von jenen ursprünglichen Anschauungen hinzudeuten. Vgl. übrigens die Aufregung Kungs in Betreff gewisser alter Bräuche, die mit dem Dienst der chthonischen Götter verbunden waren. Gespräche, Buch III, 21.
Der »Ausgang« des Ewig-Weiblichen ist analog zu verstehen wie in Abschnitt 1. Zu der Anschauung von Zeile 5 ist das heraklitische πάντα ῥει

als Parallele heranzuziehen. Auch Kung hat einmal einen in ähnliche Richtung weisenden Ausspruch getan (vgl. Gespräche IX, 16).

8

Das Wasser wird als Bild des SINNES, dessen Macht darin besteht, daß er unten weilt (an Orten, die alle Menschen verachten), im ganzen Werke häufig gebraucht.
Es ist charakteristisch, wie auch im Buch des Wandels das Zeichen »Wasser« als »Gewöhnung an die Tiefe« gedeutet wird.
Zu Zeile 5 vgl. Kungfutse, Gespräche Buch IV, 1. Diese, sowie die folgenden Zeilen sind vermutlich Zitat aus einer vorhandenen Spruchsammlung. Erst die letzte Zeile gehört wieder in den unmittelbaren Zusammenhang.
Die vorletzte Zeile bezieht sich möglicherweise auf die Verwendung der Untertanen zu öffentlichen Arbeiten mit Rücksicht auf die geeignete Zeit, ein Grundsatz, der im chinesischen Altertum sich durchgängig findet. Vgl. Kungfutse, Gespräche Buch I, 5.

9

Zeile 1: Bild einer Schale mit Wasser, die man nicht überfüllen darf, ohne daß es überläuft.
Das nächste Bild bezieht sich auf eine Messerschneide. Der Sinn ist der des Sprichworts: Allzu scharf macht schartig. In der letzten Zeile setzen manche Texte: Ist das Werk vollbracht »und folgt der Ruhm«, ein Zusatz, der mit der sonstigen Anschauung unseres Werkes nicht stimmt und auch den Rhythmus unterbricht. Es ist wohl eine Korruption aus No. 47, wo es heißt: »Die Werke werden vollbracht, und die Arbeit wird getan« (wörtlich »folgt«), die hierher übertragen ist.

10

Der Anfang gibt in seiner jetzigen Gestalt keinen eindeutigen Sinn. Man muß sich wohl mit einer Korruption des Textes zufriedengeben. Der allgemeine Sinn dürfte wohl der sein: Einheitlichkeit des Strebens gibt ungeteiltes Leben, das als solches auch dem Tod widerstehen kann. Vgl. No. 22 und 39 über die Wirkung der Einheit.
Zum Bild des Kindleins, das häufig wiederkehrt, vgl. Matth. 18, 3 f.
Zeile 9. Wohl im Anschluß an No. 1 und 6 zu verstehen. Das Wort, das mit »rein empfangend« übersetzt ist, bedeutet ursprünglich das Weibchen eines Vogels. Es ist höchst wahrscheinlich, daß hier auf einen dunkeln Schöpfungsmythus angespielt ist. Vgl. auch die Auffassung des Heiligen Geistes als einer Taube in der christlichen Terminologie und die Vorstellung des über der Tiefe brütenden Geistes in Gen. I. Spätere Kommentatoren sehen in den Toren des Himmels die Körperöffnungen.

Zeile 11. Gegensatz der inneren Intuition und des diskursiven Wissens, der bei Laotse sich durchgehends findet und ihm von der konfuzianischen Schule verübelt wurde, obwohl auch Kung das angeborene, intuitive Wissen als das höchste ansieht. Vgl. Gespräche Buch XVI, 9.
Die Schlußzeilen bilden einen formulierten Zusammenhang, der auch in No. 51 wiederkehrt. Wohl ebenfalls Traditionsgut.

11

In Gleichnissen sucht der Verfasser hier einer Wahrheit zum Ausdruck zu verhelfen, deren direkte Aussprache ihm durch den Mangel an Ausdrucksfähigkeit der Sprache, die ihm zu Gebote stand, unmöglich wurde. Man merkt es auch sonst seinen Äußerungen an, daß er mehr gedacht hat, als er in Worte zu pressen vermochte (vgl. No. 5 und No. 25), eine Schwierigkeit übrigens, die schließlich jedem Versuch, originale Gedanken mit den fertigen Mitteln der Sprache auszudrücken, anhaftet.
Das »Nichtsein«, von dem hier die Rede ist, ist die Qualität im Unterschied zur Quantität. Gerade die Qualität ist es, die der bloßen Masse den Wert verleiht.

12

Die Farben, wörtlich die »5 Farben«, nämlich blau (bzw. grün), rot, gelb, weiß und schwarz. Die Töne, wörtlich die »5 Töne«, nämlich c, d, e, g, a (die chinesische Tonleiter hat keine Quarte und keine Septime). Die Würzen, wörtlich die »5 Geschmacksarten«, nämlich bitter, salzig, süß, sauer, beißend. Der Sinn der Nutzanwendung ist Betonung der Pflege des selbständigen Inneren unter Vermeidung der Preisgabe an die Lust nach den äußeren Dingen der Sinnenwelt. Ähnlich wie in No. 3. Vgl. auch: »Was hülfe es dem Menschen, so er die ganze Welt gewänne und nähme doch Schaden an seiner Seele«.
Der Schlußsatz ist wieder eine stereotype Wendung; vgl. No. 72.

13

Dieser Abschnitt ist textlich ziemlich schlimm mitgenommen. Hinter Zeile 2 ist offenbar ein Stück eines alten Kommentars mit in den Text hineingeraten. Wir haben seine Auffassung für die Übersetzung der beiden ersten Zeilen verwandt. Dem Wortlaut nach steht statt »durch« eigentlich »wie«, was aber keinen befriedigenden Sinn gibt. Der Schlußsatz ist in doppelter Version wiederholt.

14

Die drei Namen des SINNS: »Gleich«, »Fein«, »Verborgen« bezeichnen seine Übersinnlichkeit. Die Versuche, aus den chinesischen Lauten I, Hi, We den hebräischen Gottesnamen herauszulesen, dürfen wohl als end-

gültig erledigt angesehen werden. (Victor von Strauß glaubte bekanntlich noch daran; vgl. seine Übersetzung.)
Daß die hier gezeichnete Anschauung des SINNS (der Gottheit) manche Parallelen in der israelitischen hat, sei nicht geleugnet; vgl. bes. die Stellen II. Mos. 33 und I. Kön. 19 zu unserem Abschnitt. Doch sind derartige Übereinstimmungen auch ohne direkte Berührung verständlich genug. Diese Anschauung von der Gottheit bezeichnet einfach eine bestimmte Entwicklungsstufe des menschlichen Bewußtseins in seiner Erkenntnis des Göttlichen. Zudem darf der fundamentale Unterschied zwischen der unpersönlich-pantheistischen Konzeption Laotses und der scharf umrissenen historischen Persönlichkeit des israelitischen Gottes nicht außer acht gelassen werden.
Die letzten Zeilen beziehen sich auf die Übergeschichtlichkeit dieser Wahrheit. In dieser Wahrheit ist Vergangenheit und Gegenwart eins. Das Historische, das bei Kung eine so wichtige Rolle spielte, fällt für Laotse notwendig als bedeutungslos in nichts zusammen. Er verwendet zwar die Wahrheitserkenntnisse des Altertums wiederholt (vgl. die mannigfachen Zitate), aber nur insofern sie in seiner Richtung liegen. Er steht neben ihnen, nicht auf ihnen (vgl. den folgenden Abschnitt).

15

Möglich, daß die letzten Zeilen des vorigen Abschnitts in nähere Verbindung mit dem vorliegenden gehören. Die Schilderung der alten Meister der »Mystik« kann ebenso auf Laotse selbst, wie überhaupt auf jeden Mystiker angewandt werden. Es gehört zum Wesen des Mystikers, daß er nach außen hin verborgen ist, da er ja das äußere Leben nicht mehr als etwas von wesentlich ernsthaftem Charakter zu betrachten fähig ist, daher er dann schwer zu »fassen« ist. Die ironische, oft stark sarkastische Art solcher Mystiker ist auch aus dem Leben des Kung bekannt. Vgl. Gespräche Buch XVIII, 5, 6, 7, 8. Kung war solchen Leuten gegenüber immer besonders wehrlos. Die Übersetzung der letzten 7 Zeilen ist nach dem Text des Komm. II gegeben, der weniger Schwierigkeiten bietet als andere Variationen. Nach dem Text von Wang Bi wäre zu übersetzen: »Wer kann das Trübe dadurch, daß man es still macht, klären? Wer kann das Ruhige dadurch, daß man es lange bewegt, erzeugen?« Die Frageform gibt in dieser Zusammenfassung keinen Sinn.
Bei den letzten Zeilen ist wieder ein Gedankenzusammenhang mit dem folgenden Abschnitt zu konstatieren.
Die letzte Zeile ist übersetzt nach dem Kommentar von Wang Fu Dschï, der trennt: »Gering bleiben, nicht neu werden, vollenden«. Andere verbinden: »Er kann gering bleiben und neuem Werden entgehen«. Es ist nicht anzunehmen, daß in dem »neuen Werden« der Gedanke der Metempsychose angedeutet ist. Vielmehr scheint der Gedanke einfach in der

Richtung der verborgenen Zurückgezogenheit zu liegen. Die Fülle, die der Bewahrer des SINNS nicht wünscht, ist ähnlich zu verstehen wie in No. 4, daß nämlich das Leben mit dem, was es zu bieten vermag, ihn nicht restlos ausfüllen kann. Darin liegt die Überzeitlichkeit, die in der Wertung der Lebensgüter den rechten Maßstab findet.

16

Zeile 10 und 11 unterbrechen einigermaßen den Zusammenhang der Stufenleiter. Sie sind wohl anderswoher interpoliert, um das sonst als minderwertig angesehene Wort »Erkenntnis« (vgl. No. 3) zu rechtfertigen bezw. durch »Weisheit« zu ersetzen.
Zeile 10 findet sich in No. 55 wohl in besserem Zusammenhang. Der Schlußsatz, der hier auch etwas nachhinkt, findet sich in No. 52. Zur Stufenleiter selbst bemerkt der Komm. II: Erkenntnis der Ewigkeit macht das Herz leer, so daß Platz darin wird, um die Wesen aufzunehmen (vgl. No. 49). Nimmt man so die Wesen in sich auf, so verschwinden parteiische Zu- und Abneigungen. Damit ist die Verfassung gegeben, die zum Herrscher tauglich macht. Auf der höchsten Stufe kommt dieses Wesen dem Himmel gleich, der selbst wiederum im SINN sein Vorbild hat (vgl. dazu No. 21 und 25).

17

Die Stufenfolge der Fürsten ist sehr bezeichnend. Der Ausdruck: »Vertraut man nicht genug« steht ebenfalls in No. 23. Zum 2. Teil vergleiche das hübsche Volkslied, das unter dem Kaiser Yao gesungen worden sein soll:

Die Sonne geht auf, und ich gehe an die Arbeit;
Die Sonne geht unter, und ich gehe zur Ruhe;
Ich grabe einen Brunnen und trinke;
Ich pflüge ein Feld und esse;
Der Kaiser – was gibt mir der?

(Das alles verdanke ich nicht dem Kaiser, sondern meiner eigenen Arbeit.)

18

Paradoxe Beispiele für den theoretischen Satz No. 2, Zeile 1 ff. und für No. 38, zweite Hälfte. Der Sinn des Abschnitts ist, daß, solange alles in Ordnung ist, die genannten Tugenden so allgemein und selbstverständlich sind, daß sie sich nicht hervorheben. Eine hübsche Illustration zur Sache ist die kleine Geschichte, daß einst ein Buch über die berühmten 24 Beispiele kindlicher Pietät von einem Chinesen an einen Japaner übergeben worden sei. Der habe sich sehr verwundert darüber geäußert, daß in China Pietät etwas so Außerordentliches sei, daß man in der ganzen Geschichte nur 24 Beispiele davon finden könne. In Japan sei umgekehrt die Pietät so selbstverständliche Regel, daß man nicht darüber spreche und höchstens 24 Beispiele von Pietätlosigkeit sich in der japanischen Geschichte finden ließen. Zeile 3: Die Blutsverwandten: wörtlich die 6 Verwandtschaftsgrade, nämlich Vater, Mutter, älterer Bruder, jüngerer Bruder, Frau, Kinder.

19

Rückkehr zur Natur und Verlassen des Weges der Kultur: dann werden sich alle Verhältnisse von selber wieder regeln. Auch hier ein Gegensatz zu der Richtung, die in Kung ihren Hauptvertreter fand. Spätere Konfuzianer, besonders Han Jü, haben gerade diese paradoxen Aussprüche benutzt, um den Laotse aufs leidenschaftlichste als Finsterling zu bekämpfen. Die ersten Zeilen des nächsten Abschnitts sind eventuell hier mit anzuschließen.

20

Der Abschnitt wird vielfach mißverstanden, indem man die Analogie von Zeile 2 und 3 übersieht und übersetzt: »Zwischen Ja und Jawohl (der bestimmten, männlichen und der zögernden, weiblichen Bejahung) ist zwar kein wesentlicher Unterschied. Wie groß dagegen ist der Unterschied zwischen Gut und Böse!« Unsere Auffassung wird übrigens durch No. 2 gedeckt. Man versperrt sich auch den Weg zum Verständnis der folgenden tragischen Klagen des vereinsamten Individualisten inmitten der »ungebrochenen«, daseinsfreudigen Menschenwelt, wenn man die bittere Ironie von Zeile 4 als platte Ermahnung faßt. Die Klagen über Vereinsamung dessen, der »unter Larven die einzige fühlende Brust« ist, sind religionsgeschichtlich überaus interessant als die Kehrseite des religiösen Individualismus, wie sie ganz ähnlich der Prophet Jeremia zum Ausdruck bringt (vgl. Jer. 20, 8 ff.). Es handelt sich hier um eine typische Erscheinung, die mit der Erlangung einer prinzipiell höheren Entwicklungsstufe stets notwendig verknüpft ist. Besonders interessant, weil in China die soziale Psyche den Sieg errungen hat über die individuelle.

»Einöde, habe ich noch nicht deine Mitte erreicht?« Wir folgen hier der überwiegenden Tradition. Andre wollen erklären: »Des Weisen Erkenntnis ist unbegrenzt und unermeßlich«.

»Ich bin allein unschlüssig, weil mir noch kein Zeichen geworden.« Das »Zeichen« ist das Orakel, das vor jeder wichtigen Unternehmung befragt wird (im Altertum durch Schildkrötenschalen, die angebrannt werden und aus deren Rissen man die Antwort liest) und das gesprochen haben muß, ehe man etwas unternehmen kann. Hier wohl weiter zu fassen. Vgl.

die Klagen Kungs, daß ihm kein Zeichen zuteil werde (Gespräche Buch IX, 8).
»Unruhig, ach, als das Meer«; wir folgen hier dem Text Wang Bi‘s. Die andere Lesart ist »unruhig wie umdüstert«.
Zur letzten Zeile sei die Lesart erwähnt: »denn ich halte es wert, von der Mutter zu essen«.

21

Im vorliegenden Abschnitt ist die absteigende Linie vom SINN zur Wirklichkeit gezeichnet, entsprechend der aufsteigenden Reihe in No. 16. Vgl. außerdem No. 25.
Aus dem SINN geht zunächst das LEBEN (hier das große, tiefe genannt) hervor. Die Entstehung des Daseins geht durch die Stufen der Idee, des (geistigen) Seins, des Samens, der Wirklichkeit.
Der abschließende Abschnitt wird auch anders gedeutet (Komm. II): »Von alters her bis heute ist sein Name nicht zu entbehren, da aus ihm alle Anfänge hervorgehen.« Die Herkunft aller Dinge aus dem SINN ermöglicht ihr Verständnis vermöge des SINNS, d.h. weil das Dasein immanente Logik hat, kann es logisch erfaßt werden. (Die Schlußbemerkung findet sich auch No. 54).

22

Zu Beginn wieder ein gereimtes Spruchzitat, das am Schluß ausdrücklich als Ausspruch der Alten bezeichnet ist. Vgl. dazu No. 77 und Jes. 40, 4. Zeile 1: Bild vom Mond, der erst unvollkommen ist und dann voll wird. Zeile 2: Bild von einer Raupe oder einem Seil, den Wechsel des Anziehens, das auf das Nachlassen folgt, andeutend. Zeile 3 wird auf eine Bodenvertiefung gedeutet, die sich mit Wasser füllt (vgl. Mencius IV, 2, 18). Zeile 4: Bild von den sich erneuernden Blättern eines Baumes. Die Anwendung ist der positive Ausdruck dessen, was in No. 24 negativ ausgedrückt ist.
Die beiden Zeilen: »Er umfaßt das Eine usw.« finden sich ähnlich in No. 39.

23

Die zweite Hälfte bietet große Schwierigkeiten. Auch ist der Text in den verschiedenen Ausgaben verschieden, was den dringenden Verdacht der Korruption nahelegt.
Besondere Differenzen herrschen über die Auffassung des Worts, das im Text mit »Armut« wiedergegeben ist und wörtlich »verlieren« heißt. Nicht minder schwierig ist der Ausdruck, der im Text mit »freudig entgegenkommen« übersetzt ist und wörtlich »sich freuen zu bekommen« heißt. Der Komm. II sowie St. Julien lassen das »sich freuen« aus, wo-

durch der Text flüssiger wird; es ist aber fraglich, ob nicht eine nachträgliche Erleichterung vorliegt. Wang Bi faßt den »Verlust« in dem Sinne auf, den wir im Text gegeben. Er sagt: »Der Berufene kann alles aushalten und sich mit allem identifizieren – also auch mit dem Verlieren, der Armut.« Andere, z.B. Strauß, fassen den »Verlust« gleich »Verderbnis«. Dann bekommt man die unmögliche Auffassung: »Wer durch Nachfolge Taos zur Wesenseinheit mit ihm kommt, der wird auch von Tao mit Freuden aufgenommen und angeeignet. Tao bewegt sich ihm entgegen, fördert und vollendet sein Streben und freut sich, ihn zu erhalten. Ähnlich die Tugend (von uns mit LEBEN wiedergegeben), die (und so auch die Verderbnis) hier entweder rhetorisch personifiziert wird oder auch durch diejenigen, welche sich mit ihr bereits identifiziert haben, vertreten gedacht werden mag. Die Verderbnis aber freut's, den, der mit ihr sich einiget, zu verderben.« (Hier liegt abermals eine Textvariante zugrunde). Strauß a.a.O. pag. 123. Dazu ist zu sagen, daß diese Personifikationen der ganzen pantheistischen Stimmung Laotses nach und beim 2. und 3. Glied auch dem chinesischen Sprachgefühl nach unmöglich sind. Auf der andern Seite steht die Carus'sche Auffassung (a.a.O. pag. 109): »When identified with Reason, he forsooth joyfully embraces Reason, when identified with virtue, he forsooth joyfully embraces virtue; and when identified with loss, he forsooth joyfully embraces loss.« Auch diese Auffassung ist grammatisch möglich.
St. Julien übersetzt: »Celui qui s'identifie au Tao, gagne le Tao« usw.
Der Komm. II sieht darin den Satz der Vergeltung ausgedrückt, daß jeder erhält, was seine Taten wert sind.
Alles in allem wird man die Stelle als hoffnungslos aufgeben müssen.
Die letzte Zeile findet sich im Zusammenhang von No. 17.

24

Vgl. dazu No. 22.
Am Schluß wird statt »Eiterbeule« auch übersetzt »Lästiges Gebaren«. Der Sinn wäre hiernach: Der sich selbst hervortut, verdirbt das Verdienst, das er hat, in den Augen der Mitwelt (die »Geschöpfe« = Götter und Menschen) durch seine Anmaßung selbst und macht sich lästig dadurch. Vgl. das neutestamentliche: »Sie haben ihren Lohn dahin«.

25

Der Anfang ist von uns auf Grund einer Konjektur wiedergegeben. Statt yu wu »Seiendes Ding« lesen wir yu wu »Sein und Nichtsein« (unter Heranziehung von No. 1). Der »SINN« kann unmöglich als ein »Ding« bezeichnet werden. Höchstens ginge es an, zu übersetzen: »Die existierenden Dinge waren noch ungetrennt durcheinander«.
Der Ausdruck, den wir mit »Menschenkönig« wiedergegeben haben, heißt

eigentlich nur »König«. Gemeint ist der höchste Herrscher auf Erden, der Repräsentant der Menschheit und Hüter der moralischen Ordnung auf Erden. Bei der Wiederholung ist es darum von Laotse einfach durch »Mensch« ersetzt. Zu der üblichen Trias: Himmel, Erde, Mensch kommt hier als Viertes, das sie alle umfaßt, der SINN. Zu der Stufenleiter vgl. No. 16.

26

Das »schwere Gepäck« muß man beim Reisen in China immer bei sich haben, da man in der Herberge nichts vorfindet. Schon mancher Europäer, der in China reiste, hat in seiner Eile voranzukommen die hier ausgesprochene Wahrheit bitter empfunden, wenn er abends in der leeren Herberge ankam und sein Bettzeug usw. noch meilenweit dahinten war. Das Bild ist daher überaus plastisch.

In der vorletzten Zeile findet sich eine Textvariante: »Durchs Leichtnehmen verliert man die Minister. Durch Unruhe verliert man den Herrscher«. Unsere Übersetzung wird aber durch den Anfang des Abschnitts gedeckt.

27

Auch dieser Abschnitt beginnt mit einer Reihe sprichwörtlicher Reime.

Die ersten 4 Zeilen der Anwendung, die heute in allen Ausgaben stehen, finden sich nach einer Bemerkung eines Herausgebers des Wang Bi'schen Kommentars nur bei Ho Shang Gung, während sie in den alten Ausgaben gefehlt hätten.

Der Ausdruck »zweifache Erleuchtung« kann auch übersetzt werden »innere Erleuchtung«; er würde wohl in moderner Sprache am besten übersetzt mit »Reflexion«.

Zu den Sätzen über die guten Menschen als Lehrer der Nichtguten und die Nichtguten als Stoff (soviel wie Schülermaterial) der Guten vgl. Kungfutse, Gespräche Buch II, 20.

Die Hochschätzung der Lehrer und die Liebe zum Schülermaterial wird von manchen als gegenseitige Pflicht aufgefaßt. Das gibt jedoch keinen guten Sinn. Es ist besser, anzunehmen, daß der Berufene alle seine Leute liebt, sowohl die, die er zu Lehrern gesetzt hat, als auch die, die er ihnen als Material der Beeinflussung anvertraut hat. Nur so ergeben die Schlußbemerkungen einen zusammenhängenden Sinn.

28

Der Abschnitt besteht aus drei symmetrisch gegliederten Strophen, die in sich abgeschlossen sind. Die Erwähnung der Einfalt am Schluß hat dann noch die Hinzufügung einiger Aphorismen über die Einfalt veranlaßt, die hier aus dem Zusammenhang herausfallen. Möglicherweise haben wir (Tai Gi) liegende Zustand des Ineinanderseins der Gegensätze; vgl. Bemerkung daselbst.

Der Anfang lautet wörtlich: »Wer seine Mannheit erkennt und seine Weibheit bewahrt«.
Das »Ungewordene« in Strophe 2 (Wu Gi) ist eben der vor dem Uranfang (Tai Gi) liegende Zustand des Ineinanderseins der Gegensätze; vgl. Bemerkung zu No. 1.
Zu dem »Tal der Welt« vgl. Bemerkung zu No. 6.

29

Die »Welt«, wörtlich »das unter dem Himmel«, soviel wie der römische orbis terrarum, ebenfalls auch gleich »Reich«. »Geistiges Ding« (schen ki), ein alter Ausdruck, wörtlich »geistiges bzw. göttliches Gerät«. Der Ausdruck stammt wohl ursprünglich von den sagenhaften 9 Opfergefäßen, die, von dem großen Yü verfertigt, als Symbol der Herrschaft über die damaligen 9 Provinzen sich von Generation zu Generation vererbten. Hier in übertragenem Sinn von dem Reich gebraucht mit der Bedeutung, daß es ein geistiger Organismus sei, dem nicht mit mechanischem Machen beizukommen ist.
Auch hier wieder Reimsprüche, deren Inhalt merkwürdig mit dem Kophtischen Lied, No. II, von Goethe übereinstimmt, wenn auch die gezogene Nutzanwendung hier und dort diametral entgegengesetzt ist.

30

»Menschenherrscher«, ein anderer Ausdruck für Fürst.
Zeile 3 läßt auch die Erklärung zu: »Denn solche Dinge fallen leicht zurück« (scil. auf ihren Urheber).
Zeile 4 redet von der Wirkung des Kriegs auf die Menschen, Zeile 5 von der Wirkung des Kriegs auf die »Manen«, d.h. die Naturkräfte, die durch ihn gestört werden.
Der Sinn des Folgenden ist, daß der Krieg nur als notwendiges Übel angesehen werden dürfe, dem keinerlei Selbstzweck zukomme.
Die drei letzten Zeilen sind aus Abschnitt 55, wo sie besser in den Zusammenhang passen.

31

Der ganze Abschnitt ist wohl ein Kommentar zum vorigen, der nachträglich in den Text gekommen ist. Wang Bi übergeht ihn mit Stillschweigen. In den alten Manuskripten soll er sich nicht gefunden haben. Vgl. die Nachschrift zu Wang Bi.

32

Die Stelle: »So unscheinbar die Einfalt ist« bis »wird ganz von selber recht« unterbricht den Zusammenhang, sie ist wohl ähnlich wie der Schluß von Abschnitt 28 aus Abschnitt 37 versprengt.

Dieser Abschnitt, der sich in manchem mit Abschnitt 1 berührt, gibt die Anschauung Laotses zur Frage der Richtigstellung der Bezeichnungen, die offenbar ein viel erörtertes Thema der alten Zeit war. Vgl. Kungs Äußerung zur Sache Gespräche XIII, 3 und O. Franke, Über die chinesische Lehre von den Bezeichnungen, Leyden 1906.

33

Eine Reihe von Antithesen, von denen jeweils die zweite die höhere Stufe repräsentiert. Aus diesem Grunde ist bei der dritten Antithese, die im Text lautet: »Wer sich durchsetzt (gewaltsam handelt), hat Willen, wer sich genügen läßt, ist reich«, eine Umstellung vorzunehmen, um den Sinn Laotses zu treffen.
Das letzte Wort (chines. schou) hier im Sinn von ewigem Leben.

34

Über die Allgegenwart des SINNS. Manche Übereinstimmungen mit No. 2. Im Text einige Schwankungen; statt: »Er kleidet und nährt alle Geschöpfe« in manchen Ausgaben: »Er liebt und nährt«.
Das zweite »und er spielt nicht den Herrn« ist wohl eine versehentliche Wiederholung des ersten.

35

Beginnt wieder mit vier Reimsprüchen. Das »große Urbild« ist soviel wie der SINN. Vgl. auch No. 14.

36

Auch hier wieder zum Beginn eine Reihe paradoxer Sprüche, die in ihrer praktischen Anwendung von macchiavellistischer Kühnheit sind. Darum auch nichts für die große Masse, sondern »geheime Erleuchtung«, d.h. esoterische Weisheit.
Die beiden letzten Zeilen beziehen sich wohl eben darauf. Wir haben deshalb den Ausdruck »li ki« mit Förderungsmittel, nicht, wie manche Komm. wollen, mit »scharfe Waffen« übersetzt. Vgl. zu diesem Ausdruck Abschnitt 57, dort übersetzt mit »Mittel des Wohlstands«.

37

Hierher gehören wohl die versprengten Stücke aus No. 28 und 32. Wir verzichten jedoch darauf, einen Rekonstruktionsversuch zu machen.

Zweiter Teil

38

Das »hohe LEBEN« ist dasjenige, das durch seine Einheit mit dem SINN Leben in sich selber hat, nicht wie das »niedere LEBEN« nur abgeleiteter Weise. Vgl. dazu Joh. 5, 26: »Wie der Vater das Leben hat in ihm selber, also hat er dem Sohn gegeben, das Leben zu haben in ihm selber« und zu dem »niederen LEBEN« Marc. 8, 35: »Wer sein Leben will behalten, der wird es verlieren.«

Die Stufenleiter des Handelns macht einige Schwierigkeiten, weil dieselbe Stufe (»handeln und Absichten haben«) zweimal vorkommt: beim niedern LEBEN und bei der Gerechtigkeit. Man beseitigt die Schwierigkeit am besten, wenn man das »niedere LEBEN« als zusammenfassenden Ausdruck für Liebe (Sittlichkeit), Gerechtigkeit und Moral (Riten) auffaßt. Das »Handeln und Absichten haben« wäre danach der Durchschnitt jener drei, über den die Liebe noch etwas hervorragt, während die Moral ihn noch nicht einmal erreicht.

Die Liebe handelt und hat nicht Absichten, d.h. sucht nicht das Ihre. Entsprechend die andern Stufen.

Bei Liebe, Gerechtigkeit, Moral haben wir den Zusatz »die hohe«, der im Chinesischen dasteht, weggelassen, weil ja bei diesen gar kein Gegensatz zwischen hoch und nieder mehr erwähnt ist. Sehr drastisch ist die Schilderung des »moralischen« Benehmens, das durch seine »Anstandsregeln« unerträglich knechten kann.

Der nächste Passus »Ist der SINN abhanden, dann das LEBEN« usw. ist im Urtext ebenso zweideutig wie in der Übersetzung. Entweder kann es bedeuten: Geht der SINN verloren, dann gibt es LEBEN usw. nach Analogie von No. 18. Aber diese Auffassung gibt gerade in dem ersten Glied keinen befriedigenden Sinn. Daher ist es wohl eher so zu nehmen: »Geht der SINN verloren, dann geht mit ihm zugleich auch das LEBEN verloren« usw.

Das Ganze steht im schroffsten Gegensatz zum Konfuzianismus, dessen höchste Begriffe: Liebe, Gerechtigkeit, Moral (Anstand) hier in ihrem Wert verneint sind. Der Glaube, die vierte jener konfuzianischen Kardinaltugenden, wird zwar anerkannt, aber als mit dem Anstand unvereinbar bezeichnet, während die fünfte, das Wissen (hier Vorbedacht), als des SINNES Schein bezeichnet wird. Der »rechte Mann«, obwohl im Ausdruck verschieden, dennoch sachlich identisch mit dem »Berufenen«. Die letzte Zeile findet sich an mehreren Stellen wiederholt.

39

Das Eine ist eben der SINN.

Die Zusammenstellung der »Geister« und der »Tiefe« (der »Materie«) erinnert an Abschnitt 6.

Der Passus über die Geschöpfe im allgemeinen fehlt in manchen Ausgaben. Zu dem Ausspruch über die Herrscher vgl. No. 22. Der Ausdruck, der mit »Richtmaß« übersetzt ist, schwankt in den verschiedenen Ausgaben. Statt »Richtmaß« steht auch »Reinheit, Keuschheit«.
Statt »wären die Herrscher nicht erhaben dadurch« haben andere Ausgaben die Wiederholung des Ausdrucks »Richtmaß«.
Die Ausdrücke Einsam, Verwaist, Wenigkeit sind offizielle Selbstbezeichnungen der Herrscher gegenüber vom Himmel. Die Stelle kehrt wieder in No. 42, kann daher hier u.E. gestrichen werden. Das Bild von dem Wagen, dessen Text ebenfalls recht unsicher ist, so daß sogar Komm. II Korruption des Textes annimmt, ist wohl so zu deuten, daß, wie der Wagen nicht ohne seine einzelnen Teile bestehen kann, so auch der Fürst nicht ohne die Untertanen. Die umgekehrte Auffassung, daß der Begriff »Wagen« noch mehr sei als seine Bestandteile, erinnert sehr stark an buddhistische Anschauungen, die dem Einzelmenschen das Atman, das »Ich«, abstreiten.

40

»Rückkehr« ist soviel wie Kreislauf, daher ist der SINN in sich geschlossen und unerschöpflich. »Schwachheit« ist soviel wie qualitative, nicht quantitative Wirkung. Das »Nichtsein« hier ebenfalls = das nicht in Erscheinung Tretende, der qualitative Wert: Teleologie, nicht Kausalität als Erklärungsprinzip.

41

Die erste Hälfte ist ohne weiteres verständlich. Dagegen enthält das Zitat aus dem »Spruchdichter« sehr starke Paradoxien. »Sinn« kommt in diesem Zitat der Bedeutung »Weg« näher als sonst.
Die Diskrepanz zwischen Wesen und Erscheinung, die in diesen Sprüchen ausgedrückt ist, beruht darauf, daß alle Tugenden in ihrer höchsten Entfaltung nichts tun, um sich selbst ins Licht zu setzen. Vgl. »Laß deine rechte Hand nicht wissen, was die linke tut«.
Das große Geviert (= Quadrat) hat keine Ecke, da es unendlich groß ist und daher sich der endlichen Wahrnehmung entzieht.
Ein ähnlicher Gedanke liegt der Zeile vom »großen Ton« zugrunde. Er übersteigt die Skala des Hörbaren.

42

Der Abschnitt enthält zwei getrennte Teile, von denen der erste kosmogonisch ist. Die Einheit ist »Wu Gi«, die Zweiheit »Tai Gi« mit ihrer Teilung in Yang und Yin. Vgl. Anm. zu No. 1.
Das dritte, der »unendliche Lebensatem«, d.h. der Geist, ist sozusagen das Medium der Vereinigung der beiden Dualkräfte.

Die zweite Hälfte z.T. Wiederholung aus No. 39.
Die Schlußzeile wird auch folgendermaßen übersetzt: »Ich will der Vater (= Begründer) dieser Lehre heißen«. Doch ist unsere Übersetzung in den Kommentaren besser bezeugt.

43

Das »Allerweichste«, d.h. das Widerstandslose.
Das »Nichtseiende« ist auch hier wieder zu fassen als das Unräumliche, das imstande ist, das Räumliche allgegenwärtig zu durchdringen.

44

Vgl. Matth. 6, 25: »Ist nicht das Leben mehr als die Speise?«

45

Die Reimsprüche bilden eine Analogie zu denen in No. 41.

46

»Wenn der SINN herrscht auf Erden«: hier ist Sinn nicht in prägnanter Bedeutung genommen, sondern mehr soviel wie: »Wenn vernunftgemäße Zustände herrschen«.

47

Statt: »Er wandert nicht und kommt doch ans Ziel« findet sich, wohl beeinflußt durch die 1. Zeile, auch die Lesart: »Er wandert nicht und erkennt doch«.
Statt: »Er sieht sich nicht um und vermag doch zu benennen« auch: »und vermag doch zu befehlen«.

48

Zu den beiden letzten Sätzen vgl. No. 57. (Der Ausdruck, der hier mit »Reich« übersetzt ist, ist dort mit »Welt« wiedergegeben, um eine Kollision mit der ersten Zeile, wo ein andrer Ausdruck für »Reich« steht, zu vermeiden; sachlich kommt es auf dasselbe heraus.)

49

Auch dieser Abschnitt steht in einem gewissen Gegensatz zu dem Konfuzianismus. Kung geht wohl soweit, daß er als Maßstab für die Behandlung der andern die eigenen Ansprüche bezw. Wünsche bezeichnet. Laotse geht noch einen Schritt weiter, indem er als Ideal aufstellt, daß jeder so zu behandeln ist, wie es seinem Wesen entspricht, d.h. rein als Selbstzweck. Dies ist der Sinn der zwei ersten Zeilen. »Der Berufene hat kein Herz für sich«, wörtlich »kein Herz mit einer ein für allemal bestimmten Richtung der Handlungsweise«. Daß Laotse sich bewußt ist, ein Paradoxon auszu-

sprechen, drückt er in den letzten Zeilen aus, wo er sagt, daß die Leute alle verwundert auf eine derartige Ausnahmeerscheinung starren.
Interessant ist die Begründung für die unbedingte Güte und Treue, ganz einerlei, wie der andere sich benimmt, im eigenen Wesen (LEBEN), das gar nicht anders kann als sich entsprechend äußern. Es ist die »Vollkommenheit, wie euer Vater im Himmel vollkommen ist«, die Jesus als Motiv der Feindesliebe verlangt (Matth. 5, 48).

50

»Ausgehen« sc. aus dem Nichtsein ins Sein. »Eingehen« sc. aus dem Sein ins Nichtsein. »Knechte des Lebens« sind die in der aufsteigenden Linie, »Knechte des Todes« sind die auf der absteigenden Linie begriffenen. »Die das Leben suchen und des Todes Stelle bewegen« sind die, die in ihrem Streben nach Leben das »Verweilende« (vgl. Faust: »Werd' ich zum Augenblicke sagen: verweile doch« ...) suchen und durch dieses Verweilen dem Tod den Angriffspunkt bieten. Das sind zusammen neun Zehntel, die alle dem Tod verfallen sind. »Wer gut das Leben zu führen weiß«, das ist das übrige Zehntel der Menschen, die Weisen. Da alle Gefahren nur das individuelle Ich treffen, sind sie ihnen entnommen und brauchen sie nicht zu fürchten. Mit ihrem individuellen, zufälligen Ich haben sie zugleich »ihre sterbliche Stelle« aufgegeben. Sie leben, ob sie gleich sterben (vgl. Joh. 11, 25). Eine kleine Textvariante findet sich Zeile 13; statt »tragen« haben manche Texte »ausweichen«.
Von dieser Auffassung des Abschnitts verschieden ist die andre, die statt »drei unter zehn« erklärt: 13. Nach ihr gibt es 13 Mächte des Lebens, 13 Mächte des Todes, 13 sterbliche Stellen, doch scheitert diese Auffassung nicht nur am Kontext, sondern auch daran, daß kein Mensch weiß, was aus den geheimnisvollen 3 x 13 zu machen ist. Daß der späteren taoistischen Spielerei mit dieser Auslegung gedient war, läßt sich leicht verstehen. In der Folge hat dann auch das Suchen nach Zaubermedizinen gegen Tigerzahn und Waffenwunden seine Rolle gespielt. Die Boxerbewegung mit ihren Waffensegen ist der letzte Ausläufer dieses Aberglaubens. Daß das alles mit Laotse nichts zu tun hat, braucht nicht erst betont zu werden.

51

Die beiden ersten Zeilen beziehen sich auf den Zustand, ehe die Dinge in die Erscheinung getreten sind, die beiden folgenden auf den Zustand, nachdem sie in die Erscheinung getreten sind. Sie sind die Folge der beiden ersten. Haben die Dinge erst im SINN den Daseinsgrund und im LEBEN die Kraft zum Dasein, so verschaffen sie sich durch ihr eigenes Wesen eine entsprechende äußere Form, und die Umstände bringen diese Form in die endgültige Gestalt, ohne daß dazu noch ein besonderer Eingriff nötig wäre. Dieser Naturverlauf ist der Grund, warum es höchste Weisheit ist, als Herrscher von allem »Machen« sich zu enthalten.

52

Zu dem »Aufhören des Ichs« vergleiche die Ausführungen zu No. 50. Statt »Aufhören des Ichs« ist grammatikalisch auch möglich die Übersetzung »sein Leben lang«. Doch ist der chinesische Ausdruck von dem nachfolgenden, den wir so wiedergegeben haben, verschieden. Zudem findet er in der vorletzten Zeile seine Stütze.

53

Der Ausdruck, den wir mit »von außen her« übersetzt haben, heißt im Chinesischen wörtlich: »Schale«, dann aber auch »klein«, »unbedeutend« usw. Grammatikalisch möglich wäre für die ersten 5 Zeilen auch folgende Übersetzung:

»Wenn ich auch nur ein wenig Erkenntnis habe,
um dem großen SINN entsprechend zu wandeln,
so ist es vor allem die äußerliche Entfaltung,
die ich zu fürchten habe.
Der große SINN ist ganz eben,
aber die Leute lieben Seitenwege ...«

Bei dieser Auffassung sind dann die folgenden Aufzählungen Beispiele für die Seitenwege.
»Hofhaltung« in Zeile 6 kann sich sowohl auf den fürstlichen Hof beziehen als auch auf die Gehöfte der Leute aus dem Volk.

54

Die Reihenfolge der sozialen Stufen: Ich, Familie, Gegend (Gemeinde), Land, Reich (»Welt«) stimmt ziemlich mit der in der konfuzianischen »Großen Lehre« genannten: Ich, Familie, Land, Reich. Daß bei Laotse ein anderes Wort für Land steht, wird von chinesischen Kommentaren auf Redaktionsänderungen zurückgeführt. Interessant ist übrigens, daß Laotse die Landgemeinde erwähnt.
Zur letzten Zeile vgl. No. 21.

55

Zur Erklärung der Besiegung aller Gefahren vgl. No. 50. Eine Parallele findet sich übrigens in den Verheißungen der apokryphen Stelle Marc. 16, 17 f. Den Ausdruck: »Es weiß noch nichts von Mann und Weib, und doch regt sich sein Blut usw.« gibt Strauß wörtlich genau auf griechisch wieder: οὔπω γιγνώσκει τὴν τῶν γυναικῶν ἀνδρῶν τε σύμμιξιν. καίτο το αἰδοῖον στύεται – σπέρματος περισσεία. »Weil es des Friedens Fülle hat« ist soviel wie innere Harmonie.

Zum Schluß ist wieder interessant die unmerkliche Antithese: »Den Frieden erkennen heißt ewig sein. Die Ewigkeit erkennen heißt weise sein« zu den nachfolgenden Zeilen: »Das Leben mehren nennt man Glück (vgl. dazu No. 50). Für sein Begehren seine Seelenkraft einsetzen (wir würden sagen: Nervenkraft) nennt man stark«, eine Antithese, die durch die abschließende Verurteilung eine grelle Beleuchtung bekommt.

Die Schlußzeilen passen hier besser in den Zusammenhang als in No. 30.

56

Der erste antithetische Spruch gehört wohl in den Zusammenhang von No. 81. Der zweite Spruch ist aus Nr. 52, die nächsten fünf aus No. 4. Alle diese Aussprüche sind an den anderen Stellen besser am Platz als in diesem Abschnitt, der eine Schilderung gibt der Erhabenheit über alle Leiden und Freuden der Welt, wie sie dem, der die Wahrheit erkannt hat, zuteil wird.

57

Der Ausdruck »Regierungskunst« beruht auf einer Konjektur für den Ausdruck »Geradheit«, der in den meisten Texten steht. Doch werden in der alten Sprache die Ausdrücke gelegentlich ausgetauscht.

Auch läßt sich unsre Auffassung durch den jap. Komm. belegen.

Hier wieder die paradoxe Antithese der beiden ersten Sätze zum dritten. Die sachlichen Ausführungen kommen in ihrer negativen Seite mit den Aussprüchen Kungs, Gespräche Buch II, 1 und 3, durchaus überein, nur daß Kung außer dem LEBEN (der Kraft des Geistes) auch die Sitte (Anstand) als wichtigen Faktor nimmt, die Laotse bekanntlich sehr niedrig einschätzt (vgl. Nr. 38). Zum Schluß statt der sonst üblichen Nutzanwendung Zitat eines alten Reimspruches.

58

Der Sinn der ersten vier Zeilen ist ohne weiteres klar.

Im Folgenden finden sich verschiedene Abweichungen im Text. Unserer Textauffassung nach ist die Meinung etwa: Was zunächst als Unglück erscheint (sc. die zögernde Handhabung der Regierung), stellt sich mit der Zeit als Glück heraus. Was zunächst als Vorzug erscheint (sc. eine energische und zufassende Regierung, die das Volk zu Ruhm und Ehren führt), bringt mit der Zeit Unglück. Darum ist es das Höchste nicht zu regieren; denn sonst wird das Gesetz mit der Zeit lästig: »Vernunft wird Unsinn, Wohltat Plage«. Und das Volk bleibt in beständiger Verblendung (vgl. Faust I).

Eine andere Textversion teilt nach Zeile 7 ab, nimmt also die Zeile noch zum Vorhergehenden und erklärt: »Wer erkennt es aber, daß Glück und

Unglück auf ihrem Höhepunkt beständig ineinander übergehen?« Dann heißt es weiter: »Hat er (der Regent) nicht die rechte Art, so verkehrt sich die Ordnung und das Gute fortwährend in ihr Gegenteil, und das Volk kommt aus der Verblendung nicht heraus«.

Es ist wohl anzunehmen, daß im Text irgend etwas nicht in Ordnung ist, so daß man wohl den allgemeinen Sinn, aber nicht den feineren Gedankengang entziffern kann. Der Abschnitt gehört sachlich mit dem vorangehenden eng zusammen.

59

Die »erzeugenden Kräfte des Reichs«, wörtlich »die Mutter des Reichs«, nämlich der SINN in seiner Entfaltung als LEBEN.

60

In dem Abschnitt über die Geister und ihre Wirkungen macht der Wortlaut einige Schwierigkeiten. Namentlich ist fraglich, ob nur von den Geistern der Abgeschiedenen die Rede ist oder auch von den Naturgeistern. Möglich, obwohl grammatikalisch ebenfalls schwierig, wäre auch die Übersetzung: »Wenn man über den Erdkreis waltet entsprechend dem SINN, so äußern sich die Manen nicht als Dämonen (Naturgeister; d.h. sie bleiben ruhig). Abgesehen davon, daß die Manen sich nicht als Dämonen äußern, so schaden die Dämonen nicht den Menschen (d.h. sie bleiben bei ihren normalen Wirkungen. Es gibt keine Naturkatastrophen. Vgl. dazu No. 30). Abgesehen davon, daß die Dämonen den Menschen nicht schaden, so schadet auch der Berufene den Menschen (Textvariante) nicht. Wenn diese beiden sich nicht bekämpfen, so vereinigen sich ihre Kräfte in ihrer Segenswirkung«.

Am meisten Schwierigkeiten macht das Wort fe, das wir im Text mit »nicht, daß« bezw. »nicht nur, daß« übersetzt haben, und das oben mit »abgesehen davon, daß« wiedergegeben ist. Es einfach zu streichen, wie St. Julien will, geht nicht, da es sich in allen Ausgaben findet. Immerhin ist der Sinn im allgemeinen klar: »Quieta non movere!« Durch eine zurückhaltende, friedliche Regierung bleibt auch die unsichtbare Welt in Ruhe, während in Zeiten der Unruhe »Zeichen und Wunder« geschehen.

61

Das »sich unten halten« hat die Meinung: »sich frei halten von Prätensionen, sich zurückhalten«.

Das Verhältnis des großen und des kleinen Reichs, die durch gegenseitige Zurückhaltung gewinnen, ist das, daß das große Reich durch Zurückhaltung das kleine zum politischen Anschluß bewegt (in der chinesischen Geschichte gibt es Beispiele davon), und daß das kleine Reich durch Vereinigung mit dem großen an politischem Einfluß gewinnt und des Schutzes gegen feindliche Übergriffe sicher wird. Es ist im allgemeinen die Lehre ausgesprochen, daß dasjenige Staatswesen, das am uneigennützigsten den allgemeinen Interessen dient, die Hegemonie erhält. Carus verweist dabei auf die Beispiele von Preußen in Deutschland und Athen in Griechenland.

62

Das Wort, das wir mit »Hort« wiedergegeben haben (ao), bedeutet eigentlich die dunkle Südwestecke des Hauses, wo der Lar seinen Sitz hatte. Die Verehrung des Laren scheint übrigens im 6. Jahrhundert schon wesentlich zurückgegangen zu sein zugunsten des Herdgottes, der gegenwärtig den vollen Sieg davongetragen hat. Man vergleiche zu diesen Zuständen Kungfutse, Gespräche III, 13.
Indem Laotse die Art dieser Gottheit, die in den dunklen Verborgenheiten des Hauses unsichtbar schützend thront, in erweitertem Maßstab auf den SINN anwendet, gewinnt er ein überaus bezeichnendes Bild für ihn, das in den beiden nächsten Zeilen noch weiter erklärt ist. Bemerkenswert ist die Ausdehnung seiner Wirksamkeit auch auf die Nichtguten, vgl. Schillers Lied an die Freude:

»Alle Guten, alle Bösen
Folgen ihrer Rosenspur«.

Die beiden Zeilen über die hehren Worte und hehren Taten sind nach dem Wortlaut bei Huai Nan Dsï wiedergegeben. Die Stelle hat große textliche Schwierigkeiten.
In der Beziehung der Einsetzung des Herrschers und der Fürsten auf das Vorangehende, daß sie nämlich dafür sorgen, daß auch die Nichtguten nicht verworfen zu werden brauchen, folgen wir dem Kommentar II.
Das Folgende geht von dem Bild der Darbringung von Geschenken an den Herrscher aus, es bezeichnet den SINN als die wertvollste Gabe an den Herrscher. Möglich wäre auch die Übersetzung: »Besser als ein Minister, der (alle äußeren Formen beherrscht und in Anwesenheit des Herrschers) sein Nephritszepter ehrfurchtsvoll in Händen hält und mit vier Vorreitern fährt, ist einer, der auf seinen Knien (wörtlich ›sitzend‹, entsprechend dem alten Ritus) den SINN darbringt.« Die Details des Hofzeremoniells, die hier andeutungsweise erwähnt sind, bedürfen wohl, weil nicht wesentlich, keiner ausführlichen Erläuterung.
Die Idee der Sündenvergebung, die hier auftritt, ist der konfuzianischen Richtung in dieser religiösen Ausprägung im allgemeinen fremd.

63

Der Satz: »Vergilt Groll durch LEBEN«, gewöhnlich übersetzt durch: »Vergilt Unrecht mit Güte«, spielt in den Erörterungen der Zeit eine gewisse Rolle. Laotse begründet ihn in No. 49 damit, daß unsere Handlungsweise notwendig aus unserem Wesen hervorgeht, daß wir darum gar nicht anders als gut sein können. Er geht damit über den Gedanken der »Gegenseitigkeit« hinaus, der in den nachkonfuzianischen Systemen eine so wichtige Stelle einnimmt. Kung war aus Gründen der staatlichen Gerechtigkeit zweifelhaft in diesem Stück (vgl. seine Äußerung zu der Frage in »Gespräche«, Buch XIV, 36), obwohl er den Grundsatz für die individuelle Moral anerkannt hat (vgl. Li Gi 29, 11 f.).

64

Das Achten auf das Kleine, noch nicht in Erscheinung Getretene, ist ein Grundsatz, den auch Kung vertritt, vgl. Gespräche XV, 11. Im übrigen scheint hier eine Art Zitat aus dem Urkundenbuch vorzuliegen. Vgl. Schu Ging IV, 5, 8. 9: »Tu nichts Wertloses zum Schaden des Wertvollen, so wird dein Werk vollbracht. Halte nicht wert fremde Dinge unter Vernachlässigung der nützlichen, so wird das Volk Genüge haben. Hunde und Pferde, die nicht dem Klima entsprechen, halte dir nicht. Kostbare Vögel und seltene Tiere nähre nicht im Lande. Schätze nicht ferne Dinge, so werden die Leute aus der Ferne herbeikommen; was du schätzest, seien allein die Würdigen, so werden die Leute in der Nähe Frieden haben. O, sei früh und spät niemals etwa träge. Spare nicht unbedeutende Handlungen, denn das beeinflußt zuletzt die große Wesenskraft, wie ein Berg von neun Faden Höhe, dem noch der letzte Korb Erde fehlt.« Vgl. die Ansicht Kungs in der Sache, Gespräche IX, 18.

65

Auch in Beziehung auf die Volksaufklärung sind die Ansichten von Laotse und Kung durchaus übereinstimmend; Gespräche Buch VIII, 9.

66

Bei Wang Bi ohne Kommentar, ebenso wie der apokryphe Abschnitt 31. Auch der vorliegende Abschnitt bietet sachlich nichts Neues.

67

Der Anfang ist nicht ganz eindeutig im Text und in der Überlieferung. In manchen Ausgaben fehlt das Wort SINN, ohne daß dadurch jedoch in der Bedeutung etwas geändert würde.
Schwerwiegender ist die von manchen bevorzugte Interpunktion: »Alle Welt sagt, meine Lehre scheine durchaus für die Wirklichkeit ungeschickt.« Unsere Auffassung wird durch den Zusammenhang bekräftigt. »Für die Wirklichkeit nicht geschickt« ist soviel wie unfähig bzw. unpraktisch.

69

Der Abschnitt gehört sachlich zu No. 30 u. 31.
»Besser ist es, den Gast zu spielen als den Herrn«, d.h. sich in seinen Bewegungen nach dem Feinde richten. Die paradoxen Sprüche sollen nur ein starker Ausdruck für die im Krieg zu befolgende Behutsamkeit sein. Die japanische Art der Kriegführung im Russisch-Japanischen Krieg hielt sich genau an diese Art.
Drittletzte Zeile: die Schätze würden im Zusammenhang auf die im letzten Abschnitt genannten bezogen werden müssen. Die Zeile ist übrigens text-kritisch nicht einwandfrei.

70

Auch Laotse hat sich wie Kung mit der Schwierigkeit auseinanderzusetzen, daß er nicht verstanden wird. Vielleicht ist nichts charakteristischer für das ganze Wesen der beiden, als die verschiedene Art, wie sie sich mit dieser Tatsache auseinandersetzen. Bei Kung ist das Nichtverstandenwerden der große Schmerz seines Lebens, mit dem er wohl nie ganz fertig geworden ist. Denn gerade daß er – vom 1. Satz in den Gesprächen an – so viel darüber redet, daß man sich über das Verkanntsein zu erheben habe, zeigt, wie tief ihn das Problem angriff. Wir wissen, daß es bei Kung nicht gekränkte Eitelkeit war, die diese Stellung hervorrief, sondern das Bewußtsein, daß er die Mittel habe, dem Reich zu helfen, während sich niemand fand, der zu ihrer Anwendung bereit gewesen wäre. Laotse setzt sich mit souveränem Stolz darüber hinweg im Bewußtsein, daß sein Verkanntwerden eine Folge davon ist, daß der »Herr und Vater« seiner Lehren, das Prinzip, das ihnen zugrunde liegt, der »SINN«, nicht erkannt wird. Er gehört in die Reihe jener Weisen, die ein für allemal resigniert haben, wie sie uns in den Gesprächen Kungs mehrfach begegnen, bes. im Buch XVIII. Für den Mystiker liegt dieser Standpunkt ohne weiteres nahe. Laotse hat darin Geistesverwandte in allen Zeiten und Ländern.

71

Das Zeichen, das wir mit »Leiden« übersetzt haben, heißt wörtlich »kranksein«. Es wird sowohl substantivisch als verbal gebraucht, worauf die scharfe Paradoxie des Abschnitts beruht.
Über das Wissen findet sich ein ähnlicher Ausspruch in Kungs Gesprächen Buch II, 17, der ebenso bezeichnend durch seine Übereinstimmung wie durch seine Abweichung ist.

72

Das Furchtbare, das die Leute fürchten sollen, ist wohl der Tod – vgl. Abschn. 74. Im übrigen sind die Erklärungen der Stelle Legion.
Einigermaßen schwierig ist auch die Zeile: »Dadurch eben, daß man

nicht verdrießlich wird (sc. den Untertanen gegenüber), wird es nicht verdrießlich.« Möglich wäre auch: »Dadurch, daß man es nicht verdrießlich macht ...« Es ist hier eine der Stellen, wo die Konzisheit des Gedankens den sprachlichen Ausdruck sozusagen zerbricht. Die chinesischen Zeichen heißen wörtlich: »Denn nur nicht verdrießlich, darum nicht verdrießlich«. Die Deutung, ob Substantiv oder Verb, ob aktiv oder passiv, bleibt dem Leser überlassen.

73

Zur der Schlußzeile zitiert Carus das Logausche Sinngedicht:
Gottes Mühlen mahlen langsam,
mahlen aber trefflich klein,
ob aus Langmut er sich säumet,
bringt mit Schärf' er alles ein.

Es ist aber fraglich, ob der Sinn hier nicht eher der von Matth. 10, 29 f. ist: Kauft man nicht zween Sperlinge ... In die Gedankenzusammenhänge von Laotse paßt dieser Sinn besser. Vgl. übrigens den nächsten Abschnitt.

74

Der Abschnitt wird verschieden erklärt. Manche sehen darin nur eine Einschränkung der Todesstrafe oder wohl gar nur des politischen Mords empfohlen und übersetzen Zeile 3 ff. (wobei die eingeklammerten Worte angeblich ergänzt werden müssen, jedenfalls nicht in dem Text stehen): »Die Leute in beständiger Furcht vor dem Tod halten, und wenn dann einer etwas Wunderliches (sc. Schlechtes) tut, den hole ich mir und töte ihn. Wer getraut sich (dann noch, etwas Schlechtes zu tun)? Es gibt aber einen (Scharfrichter? – nach andern: ordentlich bestellten Richter –), der die Todesstrafe zu verhängen hat ...«
Schon die vielen Ergänzungen, die auf diese Weise nötig werden, zeigen das Gezwungene dieser Deutung, ganz abgesehen davon, daß diese Ansicht ganz aus dem Gedankenkreis des Laotse herausfällt. Umgekehrt ist es ganz leicht verständlich, daß in China, wo die Todesstrafe heutzutage zu den Selbstverständlichkeiten gehört, die Kommentatoren die Erklärung des Textes der vulgären Meinung angenähert haben.
Wer der ist, der »das Töten überwacht und tötet«, ist nicht gesagt. Die Stelle erinnert in dieser Beziehung an Matth. 10, 28: Fürchtet euch vielmehr vor dem, der Leib und Seele verderben kann in die Hölle.

76

Die Zeile: »Ist ein Baum stark, so braucht er Stützen« ist textlich in den verschiedenen Ausgaben abweichend und macht Schwierigkeiten. Vermutlich liegt Korruption vor.

77

Der chinesische Bogen ist, wenn abgespannt, nach der innern Seite gebogen und muß beim Spannen durchgedrückt werden. Vgl. Abbildung.

Abgespannter Bogen:

Gespannter Bogen:

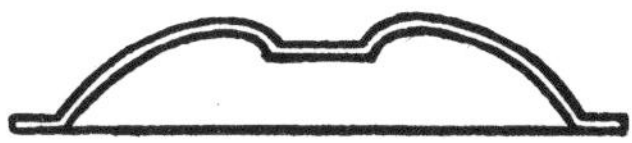

Zur Sache vgl. Nr. 22 und Jes. 40, 4.
Daß Carus einen Gegensatz zu Matth. 13, 12 (Wer da hat, dem wird gegeben ...) herauskonstruiert, beruht auf Mißverständnis. Heranzuziehen wären Stellen wie Matth. 20, 16 (Also werden die letzten die ersten ...).
Zum Schlusse vgl. Abschn. Nr. 2. Doch ist der Text etwas abweichend.

78

Hier wieder ein ausdrückliches Zitat. Die Erdopfer (vgl. Anm. zu Abschnitt 6) sind das Vorrecht des Landesfürsten. Herr der Erdopfer ist also der Fürst bzw. Kaiser. Das Aufsichnehmen der Schuld als Vorbedingung der Herrschaft ist im chinesischen Altertum wie auch in Westasien und Europa eine geläufige Anschauung. Vgl. dazu die Gebete der Könige Tang und Wu, die in Kung, Gespräche XX, 1 zitiert sind.
Die Schlußzeile würde modern ausgedrückt heißen: Die Wahrheit klingt oft paradox.

79

Der Sinn ist wohl der, daß bei jedem Streit, auch wenn er geschlichtet ist, doch noch eine Mißstimmung bleibt. Um das zu vermeiden, muß man überhaupt den Streit vermeiden, was eben dadurch geschieht, daß man nur Pflichten kennt, ohne Rechte für sich in Anspruch zu nehmen. Kungfutse, Gespräche Buch XV, 20.

80

Geknüpfte Knoten dienten, ähnlich wie in Peru, im chinesischen Altertum anstatt der Schrift, vgl. auch die Runen.
Die hier gegebene Schilderung des goldenen Zeitalters der Rückkehr zur Natur, das Laotse als Ideal verkündet, hat in der chinesischen Literatur manchen Nachklang erweckt. Am schönsten vielleicht in dem Märchen von der Pfirsichblütenquelle das Tao Yüan Ming, das wir in der Stilisierung von Dr. Gutherz, Tsingtau, wiedergeben:

Die Quelle im Pfirsichblütenwald

Es lebte einst, zu Zeiten Tai Jüan's, ein Fischer in Wuling. Dort war ein Fluß, auf dem er aufwärts fuhr, und er vergaß, ob weit, ob nahe er gefahren war, als da ein Wald ganz hell von Pfirsichblüten beide Ufer wohl viel hundert Schritte tief umfing. Da gab es keine andern Bäume; frisches, schönes Duftgras nur, in das sich Pfirsichblütenblätter niederstreuten. Der Fischer wunderte sich sehr darüber, und er fuhr noch weiter, denn er mochte wissen, wo des Waldes Ende war. Am Waldesrande aber war ein Berg, da quoll der Fluß heraus, und da war auch ein kleiner Gang hinein – wie lichtumschwebt.

Dort trat er ein – es ging gerade – wenig Schritte weiter aber ward es hell und weit – ein weithin ausgedehntes Land. Zwischen guten Feldern, schönen seichten Wasserflächen lagen sauber Hütten und auch Häuser. Wege führten kreuz und quer, es gab wohl alle Arten Bambuspflanzen und viel Maulbeersträuche. Von jedem Dorfe zu dem andern klang die Antwort von den Hunden und den Hühnern. Männer und Frauen – wie unsere Leute heraußen – säten die Felder; friedlich und froh des eigenen Tuns waren so Kinder als Greise.

Sie staunten, als sie unsern Fischer sahen und ihn dann befragten; über seine Rede aber luden sie ihn ein zu sich und gaben ihm vom Wein und schlachteten zum Mahl die Hühner. Im Dorfe hörte man davon, und jeder kam und fragte. Selbst erzählten sie, daß ihre Eltern einst zur unruhigen Zeit von Tsin Schë Huang mit Frau und Kind und allen Leuten fort- und hergezogen seien, daß von damals her nicht einer mehr herausgekommen sei, und daß sie auch daher nichts wüßten von den Menschen draußen. Wer wohl König sei, das fragten sie; sie kannten nicht die Dynastie der Han, geschweige die der We und Tsin. Der Fischer aber gab ihnen von allem Kunde, was er wußte, daß sie nur so lauschten. Mancher Tag verging ihm dort auf diese Weise, eingeladen und bewirtet, wie er war, mit Wein und Speise. Dann beim Abschied meinten sie, es sei wohl nicht der Mühe wert, den Leuten draußen was davon zu sagen.

Der Fischer kam wieder heraus, bestieg sein Boot zur Heimkehr und behielt genau die Orte der Umgebung im Gedächtnis. In der Hauptstadt des Bezirkes gab er dem Beamten hübsch Bericht, und der hat Boten ausgesandt nach jener Schilderung. Die haben sich dabei verirrt und nicht den Weg gefunden.

Wohl ging noch Liu Tse Ki, der Weise aus dem Süden, frischen Mutes auf die Suche. Aber ehe er Erfolg erreichte, ward er krank und starb. Seither hat niemand nach dem Weg gefragt.